인성교육
지도사
길라잡이

리더의
인성교육

인성교육
지도사
길라잡이

리더의
인성교육

지 은 이 | 범대진
공   저 | 정국현, 남호일, 김석제
펴 낸 이 | 김원중

기   획 | 김재운
편   집 | 박성연, 박순주
디 자 인 | 옥미향, 변은경
제   작 | 허석기
관   리 | 차정심
마 케 팅 | 정한근

초판인쇄 | 2014년 1월 6일
초판발행 | 2014년 1월 11일

출판등록 | 제313-2007-000172(2007.08.29)

펴 낸 곳 | (주)상상나무
          도서출판 상상예찬
주   소 | 경기도 고양시 덕양구 행주내동 743-12
전   화 | (031)973-5191
팩   스 | (031)973-5020
홈페이지 | http://smbooks.com

ISBN   978-89-93484-83-0   03370

값 13,000원

Education of Humanism

리더의
인성교육

인성교육
지도사
길라잡이

범대진 지음
정국현 남호일 김석제 공저

상상
나무

머리말

우리나라 교육에서 요즘 가장 많이 나오는 얘기가 '인성'이다. 사교육이 강세를 보이고 있는 우리나라 교육 현실에서 공교육이 앞선다고는 말할 수 없을 것이다. 이러한 이유 때문에 인성교육에 대한 관심과 노력들은 지속적으로 있어왔다. 하지만 인성교육에 대한 뚜렷한 근거를 제시하는 논리적인 배경이 없었다.

한 차례의 전쟁을 겪어낸 좁은 나라에서 대한민국은 전 세계가 놀랄 만큼이나 경제적, 사회적, 문화적, 군사적으로 성장을 해왔다. 하지만 성장 위주의 국가 정책 속에서 우리의 청소년들은 너무나 당연한 듯 과도한 경쟁에 내몰리고 있다. 지, 덕, 체의 조화로운 발달의 혁신적인 알맹이들이 사라진 채 학교에서, 그리고 학원에서 새벽까지 공부와 씨름하며 청소년기를 보내고 있다. 이렇듯 사춘기를 힘겹게 통과하고 있는 우리 아이들에게 원만한 인간관계와 인생관에 대해 생각할 기회조차 주지 않고 있는 현실이 안타깝기만 하다.

사람들은 성공과 출세를 위해서 대인관계에 성공하라는 말을 참 쉽게 한다. 하지만 인생에서 가장 중요한 시기를 자기 자신도 모른 채 흘려보내고 있다. 자기 자식만 배부르게 잘 먹고 열심히 가르치면 된다는 이기주의적인 사고방식들이 사회 전반에 깔린 분위기도 무시하지 못한다. 이러한 사회적 분위기는 높은 자살률과 가출 청소년들의 성매매 행위, 가정이 파괴되어 일어나는 이혼율 등과 무관하지 않다.

따라서 인성과 성격의 불완전함을 채워줄 수 있는 능력과 지식, 즉 인성교육이 절실하게 요구되고 있다. 그렇다면 이 소중한 시기에 청소년들이 확실하고 튼튼하게 자리잡고 자신에게 주어진 환경에 적응하며, 적극적으로 삶의 보람을 느끼고 행복하게 살 수 있도록 하기 위해서는 어떻게 해야 할까? 이러한 질문에 대한 해답이 바로 '인성교육' 이다.

인성교육은 인성에 대한 확실한 개념과 철학적 방법론의 관점에서 접근해야 하며 인성교육의 방법론은 상담심리학적 측면에서 다가서야 한다. 더불어 인성교육은 꽉 짜인 학교 교육 안에서 이루어지기보다는 먼저 가정에서 부모로부터 이루어져야 한다.

모든 자녀의 인성교육은 '엄마 뱃속에서부터 무덤까지 가야 한다' 는 말처럼 태어나서부터 죽을 때까지 성장단계에서 생겨나는 문제점들을 조명하고 바람직한 학습의 형성과 적성발견 등 사회성을 키우는 리더십, 그리고 의사소통 기술 등 비행 청소년들의 선도를 구체적이고 확실하게 다루어야 한다.

그리고 예절이란 무엇인지, 격식의 절차는 어떻게 이루어지는지 알아보며, '효'에 대한 의미를 되새겨 볼 것이다. 효가 없는 가정은 바로 설 수 없는 가정이며 장래도 희미해지는 법이다. 인성의 허리는 효요, 이어서 충(忠)으로 이어지는 것이기 때문이다.

'효'를 교육하는 목적은 사람다운 사람을 만드는 것이고, 효의 길은 모두가 사는 것이다. 부모님의 은혜를 생각하고, 효 관련 독후감 쓰기와 봉사활동 등을 해 보아야 한다. 〈난세를 살아가는 지략〉, 〈명심보감〉, 〈사서삼경〉 등 모든 이들이 보면 즉각 느끼고, 반드시 배워야겠다는 신념과 의지가 생기도록 쉽고 좋은 점을 발췌해 정리했다.

이러한 내용을 공부하고 배우는 인성교육지도사는 자격증을 부여받고 소정의 자격과정을 거쳐 강사와 객원 교수가 된 이후에 인성교육을 담당하게 된다. 인성교육 담당자와 관계자는 이 책을 통해 부모와 교사, 그리고 청소년 상담, 가족치료, 부모교육, 생활지도, 정신건강과 적응, 원만한 대인관계 능력 등의 학과목을 다루는 수업시간에 유익한

Education of Humanism

교재로 활용되기를 기대해 본다.

청소년지도 및 인성교육지도사에게는 먼저 자기 자신에 대한 성찰과 이해, 그리고 인격을 갖추고 인성을 가꾸는 자질과 능력들이 요구된다. 이 책이 독자와 그 외 많은 사람을 이해하고 지도하는데 아주 좋은 길라잡이가 될 수 있다면 더 이상 바랄 것이 없겠다.

이 책이 출판되기까지 여러 분들의 도움이 있었다. 공저자 정국현, 남호일, 김석제 선생에게 감사드린다.

그리고 훌륭한 책으로 만들어 출판해주신 상상나무 김원중 사장님께 깊은 감사를 표한다.

사단법인 국제인성교육개발진흥원 집무실에서 **범대진**

인성교육이 무엇보다 중요한 이유는 인간에게 투철한 정신과 사상이 필요하기 때문입니다. 그만큼 처음이 중요한 것입니다. 인성이란 삶의 과정에서 방향을 조정하는 배의 키와 같습니다. 삶을 읽는 중요한 지표라는 뜻입니다.

이제까지 인성교육의 심증은 있으나 뚜렷한 이론이나 인성교육지도사를 양성하는 검증 방법이 없었습니다. 이 책의 저자 범대진 박사는 실질적인 이론을 바탕으로 〈명심보감〉, 〈사서삼경〉 등에서 발췌한 '인성교육의 실제'를 집필해 인성교육지도사의 교육 과정에 반영했으며, 인성교육지도사로서 현장에서 겪게 되는 봉사정신(희생)과 자체 검정시험을 거쳐 자격증을 부여하는 등 인성교육지도사의 모델을 선구자적으로 제시했음을 잘 알고 있습니다.

저자의 학식과 경륜, 그리고 애정 어린 가르침이 담겨있는 이 책이 많은 독자에게 귀감이 될 것을 확신합니다.

우리나라의 부모님과 인성교육지도사들을 이해시키고 시야를 넓히는 기회가 될 것이라는 사명감과 믿음으로 이 책을 추천합니다.

계명대학교 석좌교수 **이규형**

인성교육이 무엇보다 중요한 이유는 인간에게 투철한 정신과 사상이 필요하기 때문이다. 우리나라처럼 인성교육을 강조하면서도 사람들의 인성이 발달하지 않은 나라도 드물다.

이 책의 저자 범대진 박사는 실질적인 이론을 바탕으로 〈명심보감〉, 〈사서삼경〉 등에서 발췌한 '인성교육의 실제'를 집필해 인성교육지도사의 교육 과정에 반영했다.

인성교육지도사 과정은 아직 일반화되지 않았을 뿐, 공식적이고 체계적이며 공정하게 시험을 치르게 하는 명실공히 인증되는 기관의 과정으로 그 미래가 아주 발전적이라고 생각한다. 때문에 여러 가지 이유에서 이 책을 추천한다.

첫째, 저자가 어려서부터 한학을 공부했으며, 동시에 태권도로 신체를 수련하여 몸과 마음을 갈고 닦는 사상이 학문적 기초가 된 것이 신뢰감이 든다.

둘째, 가정이나 학교, 직장에서 효와 충이 기본이 되는 〈명심보감〉과 〈사서삼경〉의 내용을 수록하여 그 교육을 토대로 책을 만들었다는 점에서 믿음이 간다.

셋째, 필자가 2부에서 보여주고 있는 〈인성교육의 실제〉는 역시 〈사서삼경〉과 〈명심보감〉뿐 아니라 〈손자병법〉이 일러주는 '인생 스토리 13계'를 묶어 구성하여 이미 많은 독자로부터 인정을 받았다. 인성교육지도사로서 자격을 부여받는 하나의 과정에 이 내용이 포함되어 인성을 함양한다는 것에 단연 신뢰가 간다.

넷째, 지금 현대교육이 많이 발전했다고는 하지만, 인성교육이 성공했다고 볼 수 없다. 인성교육의 기초는 가정에서 먼저 이루어져야 한다. 부모를 보면 그 자식의 됨됨이를 알 수 있다. 현장에서 추위와 배고픔을 깨우치고, 남에게 모범을 보이는 자세뿐 아니라 희생과 봉사 정신으로 일정 시간의 봉사활동을 이수하여 해당 기관에서 발행한 봉사활동 이수 확인서를 첨부해야 한다. 이런 면에서 인성교육지도사 자격 검정 과정 역시 살아있는 인성교육이 아닌가 싶다.

다섯 번째, 학교 교육이 무시되는 현장에서 멸시받고 버림받은 자와 비행 청소년들이 가야 할 방향과 목표가 어딘지를 제시하기 위해 총 40시간의 교육과정(이론교육 20시간, 봉사활동 20시간)과 검정시험을 거쳐 인성교육지도사 자격증이 부여된다는 점이 대단하다.

인성교육지도사 교육과정을 마치고 인성교육 지도 강사와 교수로 위촉되어 사회 활동을 함으로써 몸과 마음이 한층 발전된 면모를 갖추어 삶의 질이 높아질 것으로 생각한다.

무엇보다 이 책은 대한민국의 학부모와 인성교육지도사들을 이해시키고 그들의 자녀뿐 아니라 많은 이들에게 시야를 넓힐 기회가 될 것이다. 사명감과 확고한 믿음으로 이 책을 학부모와 교사, 지도사들에게 전하고 싶다.

국방신문협동조합 이사장 **김한규**

미국에서 지도자의 조건은 '3C'로 요약된다. 그 세 가지는 실력(Competence), 인격(Character), 헌신(Commitment)이다. 3C를 갖춘 지도자는 대부분 행복하고 건강한 가정에서 배출되었다. 이 시대가 필요로 하는 지도자의 자질은 학교 교육보다는 가정교육을 통해 이루어졌다는 방증이다.

특히 긍정적인 태도와 올바른 가치관은 가족 구성원의 생활 속에서 체득된다. 그렇다면 요즘 강조하는 인성교육은 어디서부터 시작해야 할까?

사회가 혼탁해지고 이혼율과 자살률이 심한 한국에서는 행복을 찾을 수가 없다. 이 책은 인성교육이 가정, 학교, 사회, 직장에서조차 무시되고, 오직 자기 자식만 잘되면 된다는 사고방식이 남을 적으로 만들어 버리는 세태에 경종을 울리며 〈명심보감〉과 〈사서삼경〉, 태권도의 5대 정신을 나름대로 일목요연하게 해석했다. 이 책을 통하여 모든 것을 새롭게 혁신해 인성교육 정신이 무성하게 꽃피길 희망해본다.

저자는 깨끗하고 밝은 사회를 이끌어가기 위해 국제 인성교육개발 진흥원을 설립하여 초 · 중 · 고등학교 어디든 재능기부를 하며 선도적인 교육에 앞서고 있다고 한다. 정말 존경스럽고 믿음이 간다. 또한, 문과 무를 겸비한 태권박사로, 학자로, 무술인으로, 시인으로, 작가로서 백년대계를 이어가는 청소년들에게 특히 관심이 많은 점을 교육계에 몸담고 있는 사람으로서 감사하게 생각한다. 이 책을 통하여 많은 독자가 인성의 가치와 인간의 존엄성에 대해서 깊이 생각해보았으면 한다.

한국체육대학교 교육대학원장 교수 **김경숙**

이 세상에서 가장 즐거운 것이 독서다. 꼭 책을 많이 읽는 것이 중요한 것이 아니다. 많은 책을 습득함으로써 개개인에게는 많은 내공이 쌓인다는 것이다. 그 속에는 많은 것이 내포되겠지만, 어려서부터 부모로부터 좋은 교육을 보고 자란 아이는 아름답고 행복하게 성장할 것이다. 이것이 인성교육의 밑거름이다.

다음으로 중요한 것은 자식을 잘 가르치는 것이다. 부모의 최고 투자가치는 자식이다. 자식을 성장시켜 국가의 기둥이 되게 하는 것이 최고의 가치이다.

공부와 운동 중 무엇이 중요할까? 체력도 체력이지만 가장 먼저 중시해야 할 것은 집중력을 통한 강인한 정신력이다. 정신력이 똑바로 서 있으면 그 사람은 언제, 어디서, 어떠한 난관에 부딪히더라도 흔들리지 않고 성장할 것이다.

이 책은 인간에게 가장 기본이 되는 인성가치의 교과서이며 인성교육의 올바른 방향을 제시해줌과 동시에 청소년 상담 교사 및 일선 지도자, 태권도 사범, 관장, 또 다른 무술인들에게 좋은 교육자료가 될 것이다. 또한, 인성교육지도사의 덕망과 자질 등 인성교육에 필요한 내용이 포함되어 있어 좋은 길잡이가 되리라 확신한다. 일선 교육 현장에서 많이 활용해 주었으면 하는 바람이다.

한국체육대학교 생활체육대학장 교수 **권봉안**

세상은 많이 변해도 변하지 않는 것은 인성교육이다. 대한민국은 어느 나라보다도 교육열이 높다. 최근 미국 오바마 대통령도 한국의 교육을 본받아야겠다고 언급한 적이 있다.

하지만 실질적으로는 열광적인 사교육 때문에 공교육은 뒷전인 게 현실이다. 어린아이부터 고교생까지 교육에만 신경을 쓴다지만, 뒤로 가는 세상인 듯하다.

이 책은 〈명심보감〉과 〈사서삼경〉, 〈손자병법〉 등과 태권도를 배우는 목적과 5대 정신 등을 상세하게 기술하였고, 특히 효와 예절에 대한 내용을 포함해 학생들에게 정신건강과 부모에 대한 효, 국가에 대한 충성심을 키울 수 있게 했다. 부모와 교사, 청소년 상담, 생활 지도나 원만한 인간관계 등을 배우는 수업시간에 유익한 교재로 활용될만한 가치가 있어 기대가 크다.

이 책을 통해 청소년 지도 및 인성교육지도사는 자신에 대한 성찰과 이해, 인성과 인격을 갖추는 능력과 자질을 키울 수 있으면 좋겠다. 이 책이 많은 독자와 인성교육지도사들이 충분히 연구하고 공부하는 데 좋은 길잡이가 되길 바란다.

성결대학교 대학교회 담임목사 **김종준**

제1부 인성교육의 이론

제1장 인성에 대한 이해와 성격 형성

제2장 성격이론

제4장 인성교육이 나아갈 방향

제2부 인성교육의 *실제*

제1장 난세를 살아가는 지략

제3부 부록

Education of humanism

제1부

인성교육의 이론

Education of humanism

인성에 대한 이해와 성격 형성

인간에게는 왜 투철한 정신과 사상이 필요한 것일까?
그만큼 최초부터가 중요하다는 '인성교육'은 삶의 과정에서
인생의 방향을 조정하는 배의 키와 같다. 삶을 읽는 중요한 지표다.

인성교육의 개념

인성이란 각 개인에게 보이는 고유한 행동양식이며, 선천적으로 주어
진 인간의 기본적 인식체계, 즉, 마음 바탕으로서 보편적인 경향성을
띤 생명력이라 할 수 있다.

1. 인성이란 무엇인가

 인성은 여러 가지 말로 표현할 수 있으나, 주로 성질, 개성, 인격, 마음 등
의 뜻을 포함하며, 본성 또는 기질과 동의어로 사용한다. 인성이란 인간이
지니는 특징적인 반응 양식이며 인성의 희랍어 의미는 '표시하기', 영어로
는 'personality' 또는 'character' 이다. 후천적(환경적) 요인에 의해 도덕
적 판단 기준과 외부의 영향에 반응하는 '개인 품성(品性)' 이다. 인성교육
은 투철한 사상과 정신의 기초에서 시작해야 한다. 에릭 일릭슨은 자녀교육
이 어머니의 뱃속에서 무덤까지 이루어진다고 했다.
 인성은(人性) 인간의 성품을 가리킨다. 성품은 사전적 정의로 정신적 · 도

덕적 본성이나 개인과 사회의 기준을 만드는 도덕적인 질을 말한다. 결론적으로 인성은 도덕적인 인격을 형성하는 인간의 내면적인 성품, 또는 성격, 강한 본인의 의지라 하겠다. 위디거, 버히울과 브링크 등의 학자들은 성품을 '인격은 인간이 생각하고, 느끼고, 행동하고, 타인과 관계하는 독특한 방식'이라고 정의했다. 또한, 크로스와 마커스는 인격이 '개인의 삶에 방향과 모형을 보여주는 지식과 감성과 행동의 복합적인 조직'이라 했다.

인성이란 각 개인에게 보이는 고유한 행동양식이며, 선천적으로 주어진 인간의 기본적 인식체계, 즉, 마음 바탕으로서 보편적인 경향성을 띤 생명력이라 할 수 있다. 인성은 선천적으로 타고난 기질이기도 하지만, 후천적으로 환경의 영향에 의해 개인의 가치관과 의지적 결단으로 독자적으로 결정할 수도 있다.

2. 인성교육

인간에게는 왜 투철한 정신과 사상이 필요한 것일까? 그만큼 최초부터가 중요하다는 인성교육은 삶의 과정에서 인생의 방향을 조정하는 배의 키와 같다. 삶을 읽는 중요한 지표다.

'중용(中庸)'에서 인성에 대해 말하고 있는 부분은 다음과 같다.

하늘이 명한 것은 '성'이라 하고 (天命之謂性)
성을 따르는 것은 '도'라 하며 (率性之謂道)
도를 닦는 것은 '교'라 한다 (修道之謂敎)

3. 캐릭터(Character)의 유래

　캐릭터(Character)는 라틴어로 '페르소나(Persona)'에서 유래되었는데, 페르소나는 고대 그리스의 원형 극장에서 배우들이 사용한 가면을 말한다. 선천적 타고난 성품을 그대로 따르면 도심(道心)이고, 이해를 좇아 감정대로 행동하면 인심(人心)이라 하였다. 공자는 〈논어〉에서 '본성은 사람마다 가깝고, 습관은 서로 차이가 있다'고 하였다. 그 뒤에 맹자는 인(仁), 의(義), 예(禮), 지(知)의 4덕(德)과 함께 성선설을 주장했다. 그는 인성에서 본능적 측면을 무시한 셈이다.

　성격심리학의 창시자로 일컬어지는 올포트에 의하면 성격이란 환경에 대한 독특한 적응을 결정하는 정신적·신체적 체계를 가진 개인 내부의 역동적 조직이다. 그는 행동이나 생각을 성격의 증표로 보았고 행동과 생각을 통해서 개인의 성격을 연구하고 추론할 수 있다고 하였다. 또, 아이젠크는 성격을 환경에 대한 개인의 독특한 적응양식으로서 안정되고 조직화한 체계라고 규정하기도 했다. 이렇듯 성격이란 개인의 욕구, 흥미, 태도, 기질, 재능, 신체적 특성 등을 총망라하는 개인의 특징이다.

4. 인성과 관련된 용어

　인성과 관련된 용어들에 대해서 살펴보면 인성, 또는 성격과 유사하게 통용되는 여러 가지 말에 대한 뚜렷한 구분이 어려운 것이 사실이다. 그러나 차이점을 열거하면 다음과 같다.

●인격(Character): 개인의 사람 됨됨이나 그의 행동을 평가할 때 쓰이며 도덕
　　　　　적이고 의지적인 면에서 보는 개인의 성질

●기질(Temperament): 체질에 바탕을 둔 정서 발동의 경향으로서 유전적 요
　　　　　소가 강하여 성장한 후에도 거의 변함없이 유지되는
　　　　　개인적인 특성

●개성(Individuality): 다른 사람에게서 흔히 볼 수 없는 그 사람만의 독특한
　　　　　성징

●성품, 품성: 도덕적 규범에 비추어 평가되는 성격상의 특성

●성정: 성격의 정서적인 면을 강조

●성미: 정서적인 기질에서 과격하거나 온순한 성격을 말함

●심성: 지, 정, 의(知, 情, 意)의 측면에서 나타나는 부드럽고 원만한 성격
　　　　또는 성격의 본바탕

●성질: 주로 기질적인 면에서 나타나는 정서적 특징을 강조

●성(性), 본성: 인간 마음의 근본 바탕

●마음: 어떤 자극에 대하여 지각, 인식(의식)의 과정을 거쳐서 개인이 갖게 되
　　　　는 정서와 사고. 다시 말해서 인간의 신체 안에서 생명력, 또는 영혼의
　　　　작용으로 지각과 인식의 활동이 일어나고 거기서 발생하는 의식 활동
　　　　이 곧 마음. 성품이나 본성과 같은 의미로 사용

성격은 어떻게 형성되는가

성격은 고정성과 항상성을 가진다. 사람의 성격은 어린아이로 태어나
청년기, 성인기, 노년기를 거치는 과정 중에 발달하고 재구성되기 때문
에 변화하는 것은 사실이다.

1. 성격이란 무엇인가

성격이란 첫째, 개인의 내적 구조로서 행동과 생각, 또는 환경에서의 적
응 방식, 그리고 습관 체계를 통하여 나타난다.

둘째, 올포트와 아이젠크는 성격을 정신적·신체적 체제의 역동적 조직
으로 보고, 힐가드는 성격을 '종합체'라고 표현했다. 위의 학자들에 의하면
인성은 몇 개의 요인으로 결합한 조직체로서 구성요소들의 상호작용 양식
에 의해서 성격의 특성이 나타난다.

셋째, 성격이란 역동적이다. 역동이란 힘을 말하는데, 더 정확히 표현하
면 힘과 힘 사이의 상호작용을 의미한다. 프로이트의 성격이론에서 원초아,

자아, 초자아의 에너지 단위가 서로 경쟁하고 갈등한다는 것은 힘과 힘 사이의 상호작용이 있다는 뜻이다. 그러므로 인성적 특징은 성격 특성까지 결합하고 개인과 환경 사이에서 발생한 힘의 경합관계로 나타난다.

넷째, 성격은 고정성과 항상성을 가진다. 사람의 성격은 어린아이로 태어나 청년기, 성인기, 노년기를 거치는 과정 중에 발달하고 재구성되기 때문에 변화하는 것은 사실이다.

이상 네 가지를 요약하면 성격 형성에 절대적으로 영향력을 미치는 것은 유전적 소산이다. 인성이란 각 개인에게 드러나는 고유한 행동양식이라고 볼 수 있다. 그리고 선천적으로 주어진 인간의 기본적 인성체계 또는 마음 바탕으로서 보편적인 자아실현의 경향성을 띤 생명력이다. 인성은 선천적

성격 개선을 위한 방법

1. 성격을 객관적으로 파악하기 위해 다양한 계층의 사람과 교류, 타인에 대한 관심과 배려와 봉사의 태도를 배양하고, 교양 있고 성숙한 시민의 품성을 지녀야 한다.
2. 대인관계 및 적응 기술과 관련된 서적을 읽는다.
3. 인성교육을 수강하여 체계적인 기술을 익힌다.
4. 요가, 명상, 기도, 종교적 수행의 기회를 접하여 인성을 순화하는 습관을 체득한다.
5. 청소년들에게 다양한 봉사활동 및 체험활동을 통하여 지, 덕, 체가 조화로운 인성을 육성하고 심신의 균형 있는 안정감과 자립심을 키워주어야 한다.

으로 타고난 기질과 후천적으로 주어진 환경의 영향에 의해서, 그리고 개인의 가치관과 의지적 결단으로 결정된다.

인간 성격의 결정 요인 중에서 유전을 강조하는 입장은 역사적으로 히포크라테스로부터 시작된다. 성격 개선을 위한 방법으로는 구체적으로 다음과 같은 노력이 필요하다.

인성교육은 자녀들을 아주 깊게 생각하게 하고 이를 기초로 바른 행동을 하게 하는 교육이 되어야 한다. 깊은 생각과 바른 행동은 품격이 있고 어긋남이 없다. 분명 깊이 생각하는 사람은 뿌리가 깊은 나무와 같고 절대 외세의 바람에 쓰러지거나 흔들리지 않는다. 깊은 사람은 충성심, 겸손, 수양, 절제, 의지력, 근면 정신, 침착함 등의 바른 행동을 하게 만든다. 제멋대로 하는 행동은 얕은 생각으로 잘못된 인성을 갖게 되는 법이다.

2. 성격이 형성되는 요인

인간의 성격은 선천적 요인, 환경적 체험, 개인의 가치관 및 의지적 노력으로 형성된다.

1) 유전적 영향

'왕대밭에 왕대 나고 쑥대밭에 쑥대 난다' 는 속담처럼 인간의 성격은 생득적, 유전적 요인에 결정된다. 발달 면에서 본다면 출생에서 청년기에 이르기까지의 시기를 성격의 형성기라고 볼 수 있다.

그런데 영유아기에도 개인차가 보이고 그 개인이 가지고 있는 특징, 곧 기질이 나타나는 것을 볼 수 있다.

인간 성격의 결정요인 중에서 유전을 강조하는 입장은 역사적으로 히포크라테스로부터 시작된다. 그는 인간의 체액 비율 정도에 따라 다혈질, 우울질, 점액질, 담즙질의 네 가지 기질이 있다고 하였다.

한편 크레치머와 그의 제자인 셀돈은 개인의 성격이 생물학적 특성과 연관이 있는데 그것은 체격에서 잘 반영된다고 하였다. 그들은 인간을 크게 세장형(두뇌), 비만형(내장), 투사형(신체)으로 나누고, 체형과 성격은 높은 상관관계가 있다고 하였다.

우리나라에서도 이제마는 사상의학 근거하여 인간을 태양인, 태음인, 소양인, 소음인으로 분류하였다. 이런 체형은 심리적 특성이나 질병과 밀접한 관련성을 가지고 선천적으로 타고난다고 하였다.

흔히 정신병이라고 알고 있는 정신증은 대부분 대뇌의 생화학적 물질분비와 관련이 있고 유전적 경향이 있는 것으로 판명되고 있다. 아이젠크 역시 성격의 특질 중 하나인 정신증은 호르몬과 신경 전달물질의 수준 차이 때문에 유발된다고 하였다. 지능의 유전과 마찬가지로 성격의 유전은 매우 높은 것으로 알려졌다. 그리고 나이가 들어감에 따라 성격과 관련된 유전자의 특징이 점점 더 강력하게 발현되는 것으로 나타났다. 유전자의 길이가 짧은 사람은 모험을 하면 불안해하며 기존질서나 규칙에 순응하기를 좋아한다. 화를 잘 내는 사람이나 자살 기도율이 높은 사람도 특정 유전자와 밀접하게 관련이 있는 것으로 나타났다.

2) 환경적 영향

'효자는 부모가 만든다'는 말이 있듯이 인간의 성격은 경험하는 환경과 상호작용하며 형성된다. 여기서 환경과의 상호작용이란 주로 부모의 양육 방식과 부모 자신이 모델이 되는 것 등의 인간적인 요인을 말하는 것이다. 또한, 아이가 보이는 기질과 어머니가 그러한 특징을 가진 아기를 어떻게 다루는가에 따라 어머니와 아이의 상호작용에 의해 유아의 성격이 형성되어 간다. 성격 형성에 미치는 환경적 영향을 설명하기 위해서 신체적 질병과 연관 지어 생각해 볼 수 있다. 오늘날 당뇨병, 고혈압, 위암, 알코올 중독 등의 경향은 유전되는 것으로 알려졌다. 이들 질병의 경향성이 부모세대에서 자녀세대로 유전되는 것이다.

그러나 부모의 생활습관도 유전 못지않게 질병 유발에 커다란 영향을 준다. '외상후 스트레스장애'는 환경적 영향으로 인하여 성격이 극단적으로 변화하게 되는 예다. 성격이 환경의 영향을 받아 형성되고 변화한다면 성격 개선과 치유에도 같은 원리를 적용할 수 있을 것이다.

3) 개인의 가치관과 노력

세르반테스는 '각자의 운명은 스스로 만든다'고 말했다. 인간의 성격 형성에 영향을 미치는 세 번째 요인은 개인의 가치관과 의지적 노력이다. 인간은 단지 유전이나 환경에 의해서만 성격이 형성되는 수동적인 존재는 아니다. 인간은 주체적인 노력으로 자기의 성격을 변화시키려는 힘을 가지고 있다.

하지만 개인의 성격 형성에 절대적인 영향력을 미치는 것은 유전적 요인이다. 유전적 요인은 난자와 정자가 만나 수태되는 순간에 결정되기 때문에 인간의 힘으로는 어찌할 수 없는 일이다. 결국, 개인의 성격은 청년기가 끝날 무렵 거의 완성된다고 볼 수 있다.

3. 인성교육의 필요성

오늘날 학교 교육은 지나치게 경쟁 지향적이고, 지식전달 위주의 교육에만 편중되어 있다. 때문에 청소년들이 지, 덕, 체의 조화로운 인성을 이루지 못하고 갖가지 일탈 행동을 보이고 있다. 학교폭력, 가출, 자해, 자살까지 청소년 문제가 크게 대두하고 있는 지금, 인성교육은 어느 때보다 절실하다. 특히 변화가 가장 많은 청소년기에는 신경증, 정신병, 우울증, 자살 경향성, 비행범죄 시기를 잘 파악하여 적절히 조처해야 할 것이다.

4. 인성교육은 누가, 어떻게 하는가

학교에서 이루어지는 인성교육은 실천 위주의 인성교육으로 바꾸어야 하며 물질보다는 인간을 중심으로 생각하고, 개인보다 이웃과 더불어 사는 지혜를 심어주어야 한다.

오늘날 학교 교육은 지나치게 경쟁 지향적이고 지식전달 위주의 교육에 편중되어 있다. 그래서 지, 덕, 체의 조화로운 인성교육이 이루어지지 못하고 일탈행동을 보이는 학생들이 많다. 학교 폭력, 가출, 자해, 자살 문제가 심각한 사회 문제로 대두하는 일은 어제오늘 일이 아니다. 총체적인 사회 문제로 떠오르고 있는 이 문제를 해결하는 데 인성교육이 선행되어야 할 것이다.

더구나 인성교육은 세계인이 하나가 되어 평화와 행복을 누리며 살기 위해 반드시 필요하다. 특히 앞으로 사회를 이끌어 갈 청소년들은 가장 많은 잠재력을 지닌 사회 구성원으로서 그 역할이 매우 중요하다.

하지만 현대교육을 받은 자녀들에게서 얕은 생각과 버릇없고 제멋대로인 행동이 문제로 나타난다. 이를 해결하기 위해서는 분노를 조절하고 수치심을 극복해야 한다. 그리고 자아 존중감을 향상하고, 생활습관을 개선하며, 충동적 마음과 실천력 부족을 다스리는 데 힘써야 한다.

제 2 장

성격이론

프로이트에 의하면 개인의 성격은 12세 이전에 거의 발달하며
특히 5~6세 이전의 경험이 결정적인 역할을 한다. 그리고 성격의 발달은
인생 초기에 생명의 에너지인 리비도가 얼마나 만족할 수 있었는가에 따라 좌우된다.

타고난 기질과 인성적 유형

기질설의 고전은 히포크라테스의 이론이다. 히포크라테스는 체액병리
설을 토대로 인간의 기질을 분류하였다. 그에 의하면 인간의 체액에는
혈액, 황담즙, 흑담즙, 점액이 있다고 했다.

성격 유형론은 개인의 성격이나 기질을 몇 가지의 유형으로 나누고 그 유
형에 따른 특성을 설명하려는 이론으로, 크게 신체적 유형론과 심리적 유형
론으로 나눌 수 있다. 신체적 유형론에는 아리스토텔레스의 성격 분류학을
비롯하여 히포크라테스의 기질설 내지 체액설, 크랙치머와 셀돈의 체격유
형론이 있고, 동양에는 이제마의 사상의학 등이 있다. 이들은 개인의 신체
적·생리적 특성과 심리적 특성 간에는 선천적으로 밀접하게 관련이 있고,
개인의 성격은 신체적 유형에 따라 구별된다고 보았다.

스위스의 융과 영국의 아이젠크는 인간의 심리적인 유형에 관심을 가졌
다. 융은 개인이 외부세상과 사물에 대하여 주로 어떠한 방식으로 대응하여
어떻게 자신의 심리적 에너지를 소모하는가와 정신 기능의 특질에 따라 개

인적 특성을 유형화할 수 있다고 보았다. 아이젠크는 경험적 연구를 통하여 인간 성격에서 내향성, 외향성의 차원 이외에도 정서적 불안정성의 성격적 차원이 있다고 하였다.

1. 나는 어떤 기질을 타고났는가?

1) 기질설

기질설의 고전은 히포크라테스의 이론이다. 히포크라테스는 체액병리설을 토대로 인간의 기질을 분류하였다. 그에 의하면 인간의 체액에는 혈액, 황담즙, 흑담즙, 점액이 있다고 했다.

기질	다혈질	담즙질	우울질	점액질
체액	혈액	황담즙	흑담즙	점액
심리적 특징	생기가 있다 낙천적, 사교적, 개방적 솔직하고 충동성이 강함	능동적 의지가 강함 야망이 있음 예리한 판단력, 조직력, 냉정함, 거만함	우울하다 내성적, 비판적, 자기중심적 뛰어난 분석력과 창조력	느리다 무사태평 덕망이 있음 뛰어난 기억력, 유머감각, 나서지 않음
신체적 특징	건장하고 가슴이 넓다	몸이 가늘고 상체가 길다	몸이 허약하다	비만형
직업적 특징	세일즈맨, 병원종사자, 배우, 연설가	영웅호걸, 충신, 타고난 지도자	예술가, 발명가, 철학자, 과학자, 이론가	외교관, 회계사, 교사, 과학자

이 네 가지 체액의 비례적 결합에 따라 개인에게 다혈질, 담즙질, 우울질, 점액질의 네 가지 기질형이 나타나게 되고 이에 따른 독특한 심리적 특성이 나타난다고 한다. 그가 제시한 체액과 그에 따른 심리적 특성은 다음과 같다.

2) 체격 유형론

체격 유형론은 세장형, 투사형, 비만형으로 나뉘는데, 비만형은 조울증이 많으며, 이러한 기질 유형을 순환성 기질(Cycloid)이라 하였다. 세장형은 정신분열증이 많으며, 분열성 기질이라 한다.

①체격 유형론의 분류

체격 유형	신체적 특징	심리적 특징	인간관계
세장형	마르고, 호리호리하다	분열성 기질 둔감성(냉담하고 재미없음)과 민감성이 혼합되어 있어 종잡을 수 없다	폐쇄적이고 사람들과 원만한 관계를 맺지 못한다
투사형	근육과 골격이 발달했다	점착성 기질 신중하고 규칙을 준수하며 타인에게 공손하나 때로는 격노한다	질서를 좋아하고 융통성이 없다
비만형	둥글고 뚱뚱하다	순환성 기질 쾌활할 때와 우울할 때 순환된다	사교적이고 개방적이다

②셀돈의 체격유형과 심리적 특성

체격 유형	신체적 특징	심리적 특징
내배엽형 (내장긴장형)	둥글고 부드럽고 비만	사회적 안정, 위안적 사랑, 식도락을 즐긴다
중배엽형 (신체긴장형)	강건한 골격과 근육구조	운동을 즐기고 모험적 사랑, 솔직한 태도를 보인다
외배엽형 (두뇌긴장형)	길고 허약한 체구	감정억제, 수면부족, 고독을 즐긴다

3) 심리 유형론

심리 유형론의 대표적인 학자는 스위스의 융이다. 그에 의하면 개인이 외부세계와 관계를 맺는 방식에는 두 가지가 있다. 그것은 심리적 에너지, 리비도가 타인, 또는 외부 세계를 지향하는 경향성과 자기 자신을 지향하는 경향성인데, 이것을 외향성과 내향성이라 한다.

외향성 인간은 사교적이고 활동적인 직업을 좋아하는 데 비하여 내향성 인간은 사색하고 연구하며 내적 세계를 탐색하는 것을 좋아한다. 융의 성격유형론을 바탕으로 하여 마이어스와 브리기스는 MBTI라는 성격유형검사를 개발하였다.

4) 특성이론

특성이론은 대부분 사람에게서 흔히 발견될 수 있는 많은 성격적 특성을 범주화하여 기술하는 이론이다. 다시 말해서 이 이론은 개개인이 가지고 있는 다양한 속성들을 발견하고 그 속성을 갖춘 비율에 따라 개인차를 이해하려는 태도를 보인다. 특성은 다양한 면에서 개인이 나타내는 지속적인 반응 경향성을 띤다.

특성 심리학의 아버지라고 불리는 올포트에 의하면 인간에게는 개인 특성과 공동 특성이 있다고 한다. 공동 특성이란 수많은 개인이 공유할 수 있는 공유적 성향을 의미한다. 그리고 개인 특성이란 특정 개인에게서만 발견되는 성향, 즉, 개인적 성향을 의미한다. '될 성부른 나무는 떡잎부터 다르다'는 것이다.

저마다의 씨앗이 제각각의 풀과 나무를 싹트게 하듯이 우리에게는 선천적으로 타고난 기질, 곧 자기만의 고유한 성격적 특성이 있다. 그 특성이 사고, 행동, 감정, 대인관계 양식에서 각기 달리 나타날 때 그 사람의 개성으로 표현된다.

5) 사상의학

사상의학에서는 모든 사람의 마음속에 호랑이와 돼지, 나귀와 개가 있는데, 성격의 차이는 이 넷의 고르지 못한 작용에서 생긴다고 보았다. 이제마의 사상의학론에 의하면 인간에게는 타고난 체질적 특성이 있는데 그 체질의 차이는 오장육부의 기능이 강건하고 취약한 것으로 배합되어 나타난다고 하였다.

21세기에 들어와 이제마의 사상의학론은 더욱 정교하게 발전하였다. 인간의 체질과 성격을 주(主)체질과 부(剖)체질로 배합하여 16가지 또는 32가지로 구분하기에 이르렀다. 그러나 체질과 성격 간의 상관성을 과학적으로 증명한 연구는 아직까지 발표되지 못한 실정이다.

체질유형	태양인(간장형)	태음인(심장형)	소음인(위장형)	소양인(신장형)
장기의 특성	폐는 강하고 간은 약하다	폐는 약하고 간은 강하다	비장은 약하고 신장은 강하다	비장은 강하고 신장은 약하다
성격의 장단점	성격이 괄괄하고 솔직하고 비타협적이다	웅장한 계획과 포용력이 있고 욕심이 많다	내성적이고 섬세하며 양심적이다 비겁하고 우유부단하다	외향적이고 사무에 민첩하다 체념적이고 경박하다
품성과 체형	당당한 풍채와 잘 발달한 상체의 골격에 비해 하체가 비교적 허약하다	단아하고 당당한 풍채로 골격 발육이 좋으며 용모는 원형, 타원형에 가깝다	얌전하며 몸의 자세가 앞으로 굽고 근육이 비교적 적고 살이 유연하다	상체 발육이 좋으며 머리의 앞뒤가 나오고 하지의 뼈가 가늘다 보행에 있어 자세가 곧고 바르나 안정감이 없다
적성 기질	천재적 발명가, 전략가, 혁명가	호걸풍, 낙천가, 겁쟁이, 실업가, 정치가	종교가, 교육자, 지사형, 꽁생원	연예인, 사무원, 상업인, 신경질적인 군인
행동	자존심이 강하고 활발하며 감정적이고 사람들과 마찰을 빚는 경우가 많다	온화하고 신중하며 겸손하다 체력이 좋아 활동적이다	조용하고 안정된 분위기를 좋아하며 치밀하여 정돈된 환경과 청결을 좋아한다	항상 움직이기를 좋아하며 명랑하고 경박하다

2. 성격 발달 단계와 인성적 유형

성격발달의 단계는 5단계로 구분된다. 프로이트에 의하면 개인의 성격은 12세 이전에 거의 발달하며 특히 5~6세 이전의 경험이 결정적인 역할을 한다. 그리고 성격의 발달은 인생 초기에 생명의 에너지인 리비도가 얼마나 만족할 수 있었는가에 따라 좌우된다.

프로이트는 리비도가 집중적으로 모이는 신체 부위를 성감대라 하였다. 연령에 따라 성감대나 성적 관심의 초점이 변화하는데, 그것은 아래와 같이 5단계를 거친다고 하였다.

성격 발달의 5단계

1. 구강기(0~1세)는 리비도, 즉 성적 에너지의 초점이 입술 부위에 집중되어 있다.
2. 항문기(2~3세)는 리비도의 초점이 항문 부위로 옮겨지는 시기를 말한다. 유아가 배설을 편하게 하여 항문기적 쾌적성을 충분히 누릴 수 있을 때 건전한 성격이 형성된다. 배변훈련이 너무 엄격하거나 잘못되었을 때에는 강박적이고 인색하고 고집스러운 성격이나 잔인하고 파괴적이며 무질서한 행동을 하기 쉽다.
3. 성기기(4~5세)가 되면 리비도가 성기 부위로 옮겨가 자신의 성기와 신체기관에 대한 호기심이 발달한다. 따라서 적절한 성교육이 이루어져야 한다.
4. 잠복기(6~12세)는 특별한 리비도의 대상이나 성욕의 출구가 잘 나타나지 않는 시기다.
5. 생식기(12세 이상 나이)는 사춘기와 청년기에 해당하는 시기다. 건전한 이성 교제가 이루어지지 못하면 성도착적 행위를 할 수도 있다.

내가 모르고 있는 나

갈등과 불안으로부터 자아를 보호하기 위한 전략을 방어기제, 또는 적
응기제라고 한다. 이러한 방어기제는 현실을 부정하거나 왜곡해서 받
아들이게 하는데, 대부분 무의식적 수준에서 작용한다.

1. 프로이트의 발달이론

프로이트는 어린 시절의 양육경험으로 성격이 결정된다고 보았다. 이런
입장에서 성격이론을 처음으로 체계화한 프로이트는 20세기 정신의학과
심리학의 발달에 지대한 공헌을 하였고 서구 문명 전체에 커다란 충격을 준
것으로 평가된다.

프로이트는 체코의 가난한 유대인 부모에게서 7남매 중 맏이로 태어나 4
세에 빈으로 이사한 후 줄곧 80년 가까이 빈에서 살았다. 중등학교 시절에
계속 수석을 할 만큼 명민한 학생이었으며 대학에서 의학을 공부하고 생리
학에 전념하였다. 그는 '인간은 살아 있는 유기체요, 하나의 역동적 체제'

라고 말한 그의 지도교수 브루크의 이론과 에너지 보존의 법칙에 감명을 받고 이러한 역학의 법칙을 인간의 성격 이론에 적용해 역동 심리학으로서의 정신분석학을 창안했다.

그는 종합병원 인턴으로 일하면서 정신 신경질환을 심리학적 관점에서 이해해야 한다는 것을 깨닫고 그 당시 최면적 암시로 히스테리 환자를 치료한 샤르코와 같이 연구하였다. 그 뒤 브로이어에게서 히스테리 환자가 자신의 증세를 이야기하면서 치료된다는 것을 알게 된 후 자유연상법을 개발하였다. 프로이트는 성적인 갈등이 히스테리의 원인이라는 것을 증명하기 위해 환자들과 자신의 무의식을 집중적으로 분석하고 꿈을 연구했다. 그 결과를 근거로 정신분석학의 기초를 이루는 개념들을 발달시켰다.

2. 프로이트의 인간관

인간은 기본적인 생물학적 본능을 만족하게 하려는 욕망과, 이것을 제약하는 도덕과 이상 사이에서 갈등하는 존재다. 성격은 출생해서 만 5세까지 경험한 심리성적(psycho-sexual) 사건에 의해 결정이 되며, 무의식 속에 잠재해 있는 욕구들로 영향 받는 비합리적이고 운명적인 존재라고 가정한다.

3. 원초아, 자아, 초자아

프로이트의 정신분석학에 의하면 인간의 성격은 원초아, 자아, 초자아의 세 가지로 구성되어 있다. 원초아는 생득적으로 가지고 태어난 감각적 욕구를 충족시키기 위하여 쾌락의 원리에 따라 비논리적이고 맹목적으로 작용한다. 가장 원시적인 성(性)은 적개심과 관련된 본능적인 욕망의 충족을 소망하고, 그것을 위해 움직일 뿐이다.

자아와 초자아는 원초아에서 분화된 구조로서 정신 에너지를 원초아에서 분배받는다. 의식과 무의식으로 구성된 자아는 현실 원리에 따른다. 현실 원리라는 것은 본능적 욕구를 충족하려는 원초아의 활동을 자아가 적당한 대상이 나타날 때까지 유보하면서 현실을 검토하는 것이다. 이처럼 자아는 행동을 통제하고 환경의 성질을 파악하여 어떤 본능을 만족하게 할지를 결정한다. 초자아는 의식과 무의식으로 구성되어 있으며 사법부의 역할을 한다.

4. 정신적 에너지, 리비도

인간의 마음은 기(氣)이다. 그리고 그 기에는 방향성이 있다. 리비도(삶과 성적 본능의 에너지)는 원초아 속에 포함되어 있다. 또한, 리비도는 정신적 에너지로서 작용하는 기능을 한다.

5. 의식과 무의식

A. 베인은 '본능이란 배우지 않는 능력'이라고 말했다. 프로이트의 가장

위대한 공헌이라면 무의식의 개념과 의식의 수준에 관한 것이다. 그는 인간 행동을 좌우하는 중요한 역동적 힘의 근원이 무의식에 있다고 보았다. 무의식은 직접 연구할 수 없으며 오직 밖으로 나타난 행동을 근거로 추론할 수밖에 없다.

6. 불안과 자아 방어기제

'고운 정은 잊어도 미운 정은 잊지 못한다'는 말이 있다. 정신분석학에서 불안은 유기체가 어떤 행동을 하도록 동기를 유발하는 촉매제이고, 긴장상태로서 절박한 위험을 알리는 신호이다. 그것은 본능적 자아와 도덕적 자아 간의 갈등이 있다는 사실을 자아에게 알리는 일종의 경고 장치이다.

갈등과 불안으로부터 자아를 보호하기 위한 전략을 방어기제, 또는 적응기제라고 한다. 이러한 방어기제는 현실을 부정하거나 왜곡해서 받아들이게 하는데, 대부분 무의식적 수준에서 작용한다. 방어기제로는 억압, 부정, 투사, 치환, 반동형성고착, 합리화, 퇴행, 승화 등이 있다.

인성지도 교과과정과 태권도 인성교육

나에게는 과연 어떤 성격적인 특성이 있는지,
그것이 다른 사람에게 어떤 모습으로 부각되는지, 원만한 사회생활을 하기 위해
먼저 자기의 인성적 특성을 이해하고 상대방의 특성도 알 수 있어야 한다.

인성지도 교과과정의 내용

오랫동안 열등감에 젖어있던 사람은 자신에 대해 긍정적으로 생각할
기회가 없다. 사회에서 부딪히는 의미 없는 일들에도 지레짐작하거나
흑백논리의 오류에 빠져 부정적인 생각에 빠져들기 쉬운 것이다.

1. 나는 누구인가

저마다의 씨앗이 제각각의 풀과 나무를 싹트게 하듯 우리에게는 선천적
으로 타고난 기질, 곧 자기만의 고유한 성격적 특성이 있다. 그 특성이 사
고, 행동, 감정, 대인관계 양식에서 각기 달리 나타날 때 그 사람의 개성으
로 표현된다.

모든 인간은 장점과 함께 약점 또한 갖고 있다. 다시 말해 우리는 완전하
지 않다. 용기있는 사람은 강직하고 대담하지만, 자칫 섬세한 부드러움이
부족할 수 있다. 겁이 많은 사람은 신중하고 겸손하지만, 과감하게 추진해
나가는 힘이 약하다. 이처럼 우리가 가지고 있는 성격의 장점은 필연적으로

그와 반대되는 약점을 수반한다. 우리는 이 두 가지 양면성을 함께 지니고 있다.

나에게는 과연 어떤 성격적인 특성이 있는지, 그것이 다른 사람에게 어떤 모습으로 부각되는지, 원만한 사회생활을 하기 위해 먼저 자기의 인성적 특성을 이해하고 상대방의 특성도 알 수 있어야 한다.

이렇듯 나의 성격을 이해하고 성격의 장단점과 특성을 비교하며 가치관을 알아보고, 나의 꿈을 생각하고 인생 그래프 그려보는 것이 선행되어야할 것이다. 또한, 생활양식과 진로를 탐색해야 한다. 진로를 결정할 때에는 무엇보다 전반적인 미래계획을 고려해야 할 것이다.

진로 결정을 설명하는 이론에는 크게 특성요인이론과 욕구이론이 있다. 특성요인이론은 개인의 흥미, 적성, 지능 등의 특성이 직업적 성공과 밀접한 관련이 있다고 보는 견해다. 욕구이론은 직업 선택이 개인의 욕구와 관련이 있다고 보는 관점이다.

욕구이론을 주장한 학자 중에 홀랜드가 있다. 홀랜드에 의하면 직업형태란 성격의 한 표현이다. 그러므로 진로 탐색에 있어서 적성뿐만 아니라 직업적 흥미와 성격특성을 중요하게 고려해야 한다.

2. 질적인 인간관계 형성기술

가치노출의 원리와 기술을 습득하고, 타인에 대한 관심을 기울이며 친구관계를 점검하여 우정의 세계를 넓혀야 한다. 상대방에 대한 관심을 표현하는 방법으로는 그 사람에 대해 질문하거나 상대방의 말을 진심으로 경청하고, 끈기 있게 들어주는 등의 노력을 기울일 필요가 있다.

3. 마음관리와 생활습관 개선하기

열등감이나 대인(사회) 공포증, 또는 불안을 다스리는 방법에는 여러 가지가 있지만, 자신에 대한 부정적인 평가나 생각을 긍정적 사고로 전환하는 것이 특히 필요하다. 오랫동안 열등감에 젖어있던 사람은 자신에 대해 긍정적으로 생각할 기회가 없다. 사회에서 부딪히는 의미 없는 일들에도 지레짐작하거나 흑백논리의 오류에 빠져 부정적인 생각에 빠져들기 쉬운 것이다.

이를 극복하기 위해 부정적인 생각과 행동을 바꿔야 한다. 마음을 다스리기 위해 눈을 감고 심호흡을 크게 하면서 숫자를 천천히 세어 봐도 좋다.

4. 의사소통 기술 익히기

상대방의 말을 경청하고, 타인에 대한 공감의 기술을 배우며, 자기표현과 논리적인 주장을 펼 수 있는 훈련을 한다. 인간관계에서 갈등을 다루는 문제에 대해 공부하고, 또래 상담훈련을 통해 원만한 교우관계를 맺도록 노력해야 한다.

인성교육의 실태

프랑스에서는 1995년부터 초등학교와 중등학교에 시민교육(civique
education)을 개설하여 교육하고 있으며 그것 자체가 교과목인 동시에
학교에서 매일 주의 깊게 이루어진다.

1. 가정에서의 인성교육

가정은 전통적으로 교육적 기능의 중추로서 중요한 역할을 담당해 왔다.
그러나 현대의 가정은 그 교육적 기능이 많이 약화했다. 특히 과잉보호가
늘고, 여성의 사회 참여 증가로 기본생활 습관 같은 중요한 것들이 가정에
서 소홀히 다루어지게 되었다. 잘못된 습관이 누적되면 성장 과정에서 올바
른 인성을 함양하기 어렵다. 그러므로 부모는 자녀들에게 그 시대를 사는
바른 삶과 지혜를 가르쳐주어야 한다.

2. 학교에서의 인성교육

인성교육은 아직 정체성을 확립하지 못하고, 실제 교육현장에서도 인성 중심적인 교육활동을 지도하지 못하고 있는 것이 사실이다. 장기적으로 보아 보다 질 높은 인성교육이 필요한 시기이다.

교육제도는 초·중·고등학교 교육이 입시 교육에 치우쳐 있는 것이 현실이다. 옳은 교육의 논리를 반복해서 가르치면 바른 사상과 정신을 형성하고 그 정신과 사상은 성품을 바꾸게 된다. 생각이 바뀌면 행동이 바뀌고, 행동이 반복되면 습관이 되는 것이다. 옳은 습관은 자손에게 물려줄 수 있는 사회의 밑거름이며 국가의 원동력이 되는 것이다.

봉사활동은 본래 취지를 떠나 실적이 성적에 반영되는, 진학을 위한 점수만으로 의식하고 있다. 감수성이 예민한 청소년기의 학생들에게 오히려 인성함양에 부정적 요소로 작용해 봉사 활동에 대한 많은 연구와 대책들이 필요하다.

유치원에서 공동체 의식배양, 기본생활 습관을 교육하면, 초·중학교에서는 민주시민이 지녀야 할 자질을 배양하는 교육을 해야 한다. 평화교육과 국제화 교육으로 한층 넓어진 세계를 바라보며 꿈을 키우고 실천중심과 생활중심, 참여중심의 인성교육 강화로 나아가야 한다.

또한, 다양한 인성교육 프로그램을 구성하여 수련회나 야외활동을 통해 건전하고 합리적인 가치관을 형성하도록 해야 한다. 생활기록부도 철저히 관리해 활용을 극대화시켜야 한다. 특히 교사들의 솔선수범과 언행은 정말 중요하다. 자율적이고, 창의적 인성교육을 위한 학교 교육 방안을 마련해야 한다.

3. 외국의 인성교육 사례

1) 미국

초·중등학교에서는 '사회관 교육'의 가치 교육 영역에서 14개의 가치와 신념을 제시하여 인성교육을 실시하고 있으며 교육 내용은 정의, 평등, 책임, 준법, 자유, 다양성, 사생활 존중, 국제적 인권, 인간의 존엄성, 공정성, 통합성, 개인의 배려, 충성심, 권위존중이며 별도로 시행되는 '인격교육' 프로그램을 실시하고 있다.

2) 프랑스

1995년부터 초등학교와 중등학교에 시민교육(civique education)을 개설하여 교육하고 있으며 그것 자체가 교과목인 동시에 학교에서 매일 주의 깊게 이루어진다. 학습 주제는 개인위생, 안전, 타인 존중, 책임감, 근면, 성실, 규칙 준수, 협동, 환경보호 등의 실천을 목표로 한다.

3) 독일

근대까지는 인성교육을 종교 과목에서 다루었으나 1970년대에 많은 사람이 교회로부터 탈퇴하고 종교 교육을 거부하기 시작했다. 지금은 비(非)기독교도들을 위한 대체 과목으로 윤리 과목이 개설되었다. 최근에는 윤리 과목을 초등학교 저학년부터 정규 교과로 채택했다.

4) 일본

제2차 세계대전 후에 소학교와 중학교에서 도덕, 고등학교에서 윤리 과목을 실시해왔으나 1989년에는 고시된 현행 '학습지도 요령'을 교육한다. 중학교에서 22개의 덕목을 설정해 교육하고, 고등학교에서는 청년기, 현대 사회와 윤리, 국제화로 내용 영역을 3분화하여 교육한다.

태권도와 인성교육

태권도 교육은 무도정신에 기초를 두고 예의범절을 첫 번째 목표로 내
세운다. 태권도 교육의 기초는 효다. 효는 모든 것의 기본이다. 효의
기본 배움은 엄마 뱃속에서 시작해 무덤까지 간다. 그만큼 중요한 것
이다.

1. 태권도를 배우는 목적

태권도는 몸과 마음을 단련하여 강인한 정신력과 체력을 키우고, 자신감
과 용기를 길러 자신을 방어하고 약한 자를 도울 수 있는 정의로운 사람이
되기 위해 배운다. 또한, 태권도를 배우는 목적은 매사에 꼭 필요한 훌륭한
인재가 되기 위함이다.

결국 바른 인성 교육이란 태권도 수련 과정에서 중시하는 예절과 인성에
대한 교육을 통해서 이루어지며 건전한 사회인으로 육성되는 것이라 할 수
있다.

2. 태권도란?

　태권도는 예의로 시작해서 예의로 끝맺는 우리민족의 고유 무술로서, 상대방이 공격하면 맨손과 맨발로 자신을 방어하고 제압하는 호신의 무술이다. 강자에게는 강하고 약자에게는 유하며 강한 정신력과 인내, 극기로 심신을 단련하여 수련하는, 행동철학으로서의 현대무술이 바로 태권도다.

3. 태권도를 통한 인성교육

　바쁜 조직 사회에서 생활하다 보면 우리는 자신도 모르는 사이에 인간성을 상실해 간다. 이것을 아이들이, 이웃이, 학생들이 본받게 되는 것이다. 현대 사회에 인간소외 현상이 빠른 속도로 진행되고 있음을 알 수 있다.

　교육제도는 여전히 입시 위주이며, 아이들은 어렸을 때부터 꽉 짜인 틀 속에서 상대를 적으로 생각하고 이기지 않으면 안 되는 경쟁의식 속에서 교육받고 있다. 지나친 교육열에 사로잡힌 부모는 내 자식 기 살리는 일이 최고의 덕목이고, 장래의 직업 안정성을 바라보며 최고의 직장을 잡기 위해 피나게 노력하는 것만이 살 길이라고 대부분 생각하며 외국에 유학을 보내는 등 아이가 어릴 때부터 안절부절못하고 있다.

　결국 우리는 인성과 적성보다는 남이 하는 만큼 따라가는 교육에 집중하고 있다. 가정과 학교, 학원에서 인성교육의 부족으로 개인과 개인, 집단과 집단에서 효와 공동체 의식, 책임의식 등 양보와 배려라는 단어조차 생소하게 느끼는 사람들이 많다는 것이다.

현대사회에서 인간으로서 살아가야 할 가장 기본적인 교육은 바로 인성교육이며 정신교육인 건강교육이다. 이러한 전문적인 교육이 유일하게 이루어지는 곳이 무도 정신에 입각한 태권도 교육기관이 아닌가 싶다.

태권도 교육은 무도정신에 기초를 두고 예의범절을 첫 번째 목표로 내세운다. 태권도 교육의 기초는 효다. 효는 모든 것의 기본이다. 효의 기본 배움은 엄마 뱃속에서 시작해 무덤까지 간다. 그만큼 중요한 것이다.

인성교육은 반복적으로 이루어져야 한다. 태권도 정신은 인성교육의 기본을 설명하고 있다. 태권도에서는 서로 존중하고 공경하며 말과 몸가짐, 소중한 질서의식을 배울 수 있다. 또한, 수련을 통해서 예절의 필요성과 방법을 익혀 나가게 된다. 태권도는 이러한 덕목들이 실천으로 이어지고 지속해서 유지할 수 있도록 한다.

4. 인성교육에 태권도가 필요한 이유

태권도 수련의 교육목표는 자기방어와 공격의 목표를 동시에 지니고 있다. 태권도 수련에서 강조하는 예절교육은 가정과 학교, 사회생활 속에서 스스로 인격수양에 목적을 두고 좋은 품성과 행동을 할 수 있게 한다.

학교 교육은 다양한 운동(줄넘기, 뜀틀, 훌라후프, 매트 운동 등)으로 학교 체육을 지도하고 학교생활에서의 자신감 향상과 신체발달을 도와준다. 또한, 인성교육은 주별, 월별, 주제에 따라 올바른 인성교육을 갖추도록 하여 흥미를 유발하고 체계적인 교육이 이루어지도록 해준다. 그리고 발표력 교육은 여러 사람 앞에서 발표함으로써 할 수 있다는 강한 의지와 자신감,

발표력을 길러주기도 한다. 학교 폭력 예방은 육체적·정신적으로 위험에 처해 있을 때 자신을 보호하고 바른 인성을 갖출 수 있도록 해 준다.

태권도 5대 정신

1. 예의(禮義)

   어른을 공경하며 동생을 사랑으로 보살피고 서로 양보하는 정신, 상대방의 인격을 존중하고 겸손하며 타인으로서 정의감이 충만하고 남을 비방하거나 모욕하지 않으며 인간관계가 명확한 것이 예의이다. 더불어 스스로 자신을 낮출 줄 아는 겸허한 자세를 생활화해야 할 것이다.

2. 염치(廉恥)

   옳고 그른 일을 파악할 줄 알며, 그릇된 일을 했을 때 부끄러워하고 잘못을 곧바로 고칠 줄 알아야 한다.

3. 인내(忍耐)

   어떤 목표를 정한 다음 인내력을 가지고 끊임없이 노력하면 성공할 수 있다. 실패하더라도 더욱 노력하여 성공할 때까지 최선의 노력을 다해야 한다.

4. 극기(克己)

   자기 스스로를 양심과 의지로 이겨야 한다. 감정을 억제하고 항상 자기 자신을 조절할 수 있는 극기 정신을 키워야 하며 검소하고 절제하는 모습을 보여야 한다.

5. 백절불굴(百折不屈)

   평소 겸손하고 정직함은 물론 정의감에 입각한 생활을 해야 하고, 불의에 대해서는 추호도 두려워하거나 주저하지 않고 정의를 말할 수 있어야 하며, 백 번 꺾여도 굴하지 않는 백절불굴의 정신으로 슬기롭게 이겨나가야 한다.

이렇듯 태권도의 5대 정신은 리더십과 지도력을 향상하게 하며 사회성을 북돋아 준다. 더욱 중요한 것은 자신감을 키워주며 용기를 북돋아 주며 집중력을 향상에 도움이 된다는 사실이다.

5. 태권도의 정신적 가치

'정신'의 철학적 의미를 생각해 본다면 '몸이 있는 곳에 정신이 있고 마음이 가는 곳에 분명 몸이 따른다'는 원리이다. 심신일여(心身一如), 즉 그것은 몸과 마음, 정신과 신체, 육체가 둘이 아니라 하나로 보는 시각이다.

로크는 우리 자신 속에서 이와 같은 마음의 활동을 관찰했다. 사고나 의심, 믿음 등 무엇인가를 배우는 방법은 심리 활동을 관찰하는 것이다. 이것은 사람의 의지, 생각, 자각, 내성, 능력, 자아 성찰, 감정 등 모든 것들이 마음의 특성인 정신은 육체나 물질에 대립하는 것으로 사물을 느끼고 생각하는 능력, 또는 그러한 작용으로 정의할 수 있다(〈국기원 3급 태권도 지도자 연수〉, 이경명, 2009).

태권도 정신을 통한 자아실현은 인격을 완성한다. 태권도 수련을 통해 얻는 것은 먼저 애국정신이다. 국가의 상징인 태극기에 대한 맹세나 예(禮)를 통해 애국정신이 함양된다. 애국정신은 단결과 협동, 책임감을 북돋아 주기도 한다.

두 번째는 충효 정신이다. 태권도 수련과정에서 상급자에 대한 예의는 효의 발로이며 충의 시작이다. 존경심과도 관계가 있다.

세 번째는 호연지기(浩然之氣)이다. 태권도 기술을 반복적으로 수련하면 공명정대하고 부끄러울 것이 없는 도덕적 용기와 호연지기를 키울 수 있다.

네 번째는 준법정신이다. 태권도 수련을 통해서 길러진 규칙은 준법정신을 함양하는데 크게 이바지한다.

다섯째는 예의범절이다. 태권도는 존경심의 발로로 붕우유신처럼 사제지간의 관계를 띠 색깔의 차이로 나타내어 예의범절을 가르치고 있다. 이것은 책임과 규범의 원칙을 지켜나가는 예의 정신과 관계가 있다.

여섯째는 움직이지 않는 마음이다. 그것은 태권도 시작 전에 명상하거나 마음을 가라앉히는 집중적인 품새에서 나타난다.

또한, 신체적 가치나 인지적 가치, 정서적 가치, 사회 문화적 가치 등 많은 것을 배울 수 있다. 이렇듯 태권도가 추구하는 인성교육은 가치가 매우 높다.

Education of humanism

인성교육이 나아갈 방향

인성교육은 전인적인 교육을 위한 필수적인 과정이다. 생활지도에서 필요한 내용은
학생들의 학교생활과 가정생활에서의 적응, 타인과의 관계, 마음관리, 생활습관 조절하기,
적성의 발견과 진로 선택 등이다.

인생 설계와 성격 바꾸기

나의 장단점을 파악하고 자기반성을 통해 내면을 살필 기회로 삼아야
한다. 미래의 내 모습을 그려 보는 것은 자기 자신에 대한 이해를 바탕
으로 자긍심을 넓게 한다. 이를 토대로 장래 희망을 확립시켜야 한다.

1. 인성교육의 구체적 실천 방안

　정서교육을 통해 도덕과 공중 예법을 배우고 사회 공동체를 형성하기 위
해 워크숍이나 집단상담, 토론을 명료화시켜야 한다. 특히 인성교육지도사
는 청소년 지도를 위해서 올바른 행동과 의사소통, 도덕적 품성을 몸에 지
니듯 자신의 몸을 갈고 닦아야 한다. 또한 지(知), 덕(德), 체(體)의 삼위일
체가 이루어져야만 인성교육의 궁극적 목표에 도달할 수 있음을 명심해야
한다.

2. 자아발견, 우리 집 알기, 공동체 체험

학년 초에 나의 소개를 함으로써 자기 존재를 확인하고 친구 간의 정보교환 역할을 한다.

1) 나의 소개: 현재 자신의 모습을 올바르게 파악하고 친구들의 존재를 확인한다.

2) 나의 장단점을 파악하고 자기반성을 통해 내면을 살필 기회로 삼아야 한다.

3) 미래의 내 모습을 그려 보는 것은 자기 자신에 대한 이해를 바탕으로 자긍심을 넓게 한다. 이를 토대로 장래 희망을 확립시켜야 한다.

4) 우리 집 알기
①뿌리를 찾아서
　우리 가족의 호칭과 관계를 알아보고 화목한 우리 집에 대해서 다시 한번 생각해 보는 계기를 마련한다.
②우리 집 이야기
　가족 소개를 통해 서로 대화하고 같이 화목을 다지는 기회를 만든다. 이는 가족 간의 사랑과 이해의 바탕이 된다.

5) 공동체 체험
　나 혼자만, 또는 내 식구만 소중히 여기는 세상에서 공동체 훈련이라는 간접 체험을 함으로써 더불어 살아가야만 하는 까닭을 이해하고 실천한다.

①왕따 시키기 ②신뢰도 테스트 ③나의 가장 소중한 친구는?

④거울 응시 ⑤가장 소중한 것은? ⑥장애인 체험

3. 가족과 함께하는 주말 과제

1	신발장 정리하기	21	우유 가져다 드리기
2	송편 함께 빚기	22	이부자리 깔아 드리기
3	이부자리 펴고, 개 드리기	23	신 닦아 드리기
4	양말 개기	24	어머니가 하루 동안 하는 일 하기
5	아침상에 숟가락 놓기	25	어버이날 편지 쓰고 꽃 달아 주기
6	내 방 청소하기	26	음식 먹을 때 감사하다고 말하기
7	흰머리 뽑아 드리기	27	부모님 안마해 드리기
8	부모님 맥 짚어보기	28	부모님 발 씻어 드리기
9	부모님 얼굴 주름살 살피기	29	할아버지, 할머니 이름 알기
10	부모님 옷 개기	30	외할아버지, 외할머니 이름알기
11	방 청소 해 드리기	31	부모님 방 청소해 드리기
12	친척에게 문안 전화 드리기	32	휴지통 비우기
13	자기 희망 말하기	33	걸레 빨아보기
14	부모님과 윷놀이하기	34	심부름 하기
15	설날 세배하기	35	음료수 대접해 드리기
16	동화책 이야기해드리기	36	과일 대접해 드리기
17	우리 고장의 내력 듣기	37	차 대접해 드리기
18	새 학년 계획 말씀드리기	38	저녁 설거지 돕기
19	부모님 팔다리, 어깨 안마하기	39	나의 다짐 말씀드리기
20	부모님 손 본뜨기	40	부모님 발 그려오기

인성교육의 미래

체계적인 인성교육의 활동은 학문적 전문성을 갖춘 상담 교사에게 위임하지만, 일선 교사나 인성교육에 관여하고자 하는 사람은 전문적 자질 향상을 위해 노력해야 한다.

1. 인성교육의 목표

실질적으로 건강하고 성숙한 인간으로 성장하도록 돕기 위하여 어떠한 방향과 목표를 가지고 인성교육에 임해야 할 것인가? 지, 덕, 체의 조화로운 발달이 이루어진 전인적 인간의 육성을 교육의 이상으로 삼고 있다.

인성교육은 전인적인 교육을 위한 필수적인 과정이다. 생활지도에서 필요한 내용은 학생들의 학교생활과 가정생활에서의 적응, 타인과의 관계, 마음관리, 생활습관 조절하기, 적성의 발견과 진로 선택 등이다. (〈청소년의 인성교육〉, 홍경자, 1986)

2. 인성교육지도사의 덕목과 자질

인성교육을 위한 교사의 의식은 현재 부족한 실정이다. 획일화된 인성교육은 지향적이며, 지식 위주의 교육과정 운영이 미흡하기에 탈피해야 한다. 인성교육은 무조건 전인교육의 방향으로 선택해야 한다.

주입식 교육은 개인을 변화시키는데 효과가 미약하므로 사고와 이성에 호소하는 도덕적 정서 교육은 강의를 통하여 이루어져야 한다. 또한, 워크숍과 집단 상담을 해야 하며, 암기보다는 토론을 실시해야 한다. 그리고 PC 통신을 통한 정서교육을 하며 각종 행사와 연계 활동을 해야 한다. 마지막으로 교사, 학생 간의 대화와 만남이 중요하며 정규교과과정으로 학과목을 수강하도록 하는 것이 좋다.

1) 교사를 위한 제언

체계적인 인성교육의 활동은 학문적 전문성을 갖춘 상담 교사에게 위임하지만, 일선 교사나 인성교육에 관여하고자 하는 사람은 전문적 자질 향상을 위해 노력해야 한다. 그리고 여러 가지 프로그램에 잘 참여해야 한다. 방황하는 청소년들에게 버팀목이 되어 줄 만한 명사를 찾아 인연을 맺도록 주선해주는 것도 좋은 방법이다.

2) 부모를 위한 제언

성격 형성의 책임은 기본적으로 부모와 가정에 있다. 지혜롭고 성숙한 부모가 좋은 인재를 키워낼 수 있다. 현대의 부모는 자녀와 대화하고 효과적으로 지도하는 방법을 배워야 한다.

3. 인성교육이 나아가야 할 방향

　급속한 경제성장과 가족형태의 변화, 그리고 학교 교육의 변질 등은 어린 이들의 정신세계와 가치체계에 커다란 혼돈과 혼란을 주었다. 이러한 문제 점의 해결을 위해 인성교육이 필요하며, 인성교육은 가정과 학교와 사회가

인성교육지도사의 덕목

1) 매사에 긍정적인 사람이 되어야 한다.

2) 성실하며 품행이 단정해야 하고 예의가 바른 자라야 한다.

3) 항상 끊임없이 노력하고 공부하는 자라야 한다.

4) 누가 봐도 믿음직스러운 자라야 한다.

5) 조직에 융화되는 자라야 한다.

6) 용감하고 추진력이 강해야 한다.

7) 아랫사람을 두려워할 줄 알아야 한다.

8) 자기 자신에 대한 엄격한 도덕성과 청렴성을 갖춘 자라야 한다.

9) 책임과 주인의식을 갖춘 자라야 한다.

10) 목표가 뚜렷한 사람이어야 한다.

11) 솔직 담백해야 한다.

12) 자기 자신을 낮출 줄 아는 사람이어야 한다.

13) 자기의 잘못을 인정할 줄 아는 자여야 한다.

14) 남을 칭찬할 줄 알고 남에게도 항상 배울 줄 아는 자세를 갖춘 사람이어야
　　한다.

서로 연계되어 동시 다발적으로 일어나야 그 효과가 비행청소년의 선도방
향으로 나아갈 수 있다.

또한, 자율성 있고, 주도성, 민주적인, 부모 역할이 필요하다. 무엇보다
실천 위주의 인성교육, 상황 중심의 인성교육이 이루어지도록 노력해야 한
다. 앞으로의 국제경쟁에 대응하기 위해서 개방성과 창조성 교육도 이루어
져야 할 것이다.

인성교육지도사의 자질

1) 개인상담 이론 및 실제 기법을 알아야 한다.

2) 상담과 관련된 연구활동 능력이 있어야 한다.

3) 발달심리와 청소년과 직장인 대학생 등 문화에 대한 이해가 있어야 한다.

4) 상담자 교육과 훈련 및 비전능력이 있어야 한다.

5) 상담자에 대한 윤리와 도덕(비밀보장의 문제와 법적인 문제 등)을 갖춘 자여
야 한다.

6) 상담과 관련된 정책 및 행정적 자질이 있어야 한다.

7) 집단 상담과 이상심리의 이론 및 실제 기법을 아는 자여야 한다.

8) 용기와 열린 마음이 있어야 한다.

9) 건전한 인생관을 갖추어야 한다.

10) 내담자에 대한 존경심과 사명감이 있어야 한다.

11) 객관적인 안목과 탁월한 감각, 유연성과 민첩성이 있어야 한다.

12) 자기 자신에 대한 합리적이고 객관적인 이해가 필요하다.

삶의 목표로서의 인격 완성

중요한 것은 인간이 인연에 의하여 끊임없이 변화하는 존재이면서 동시에 우주의 마음, 또는 신성과 통하는 순수정신이며, 그 본질은 희열과 지혜라는 것이다.

1. 성격의 형성과 구조

인성이란 일반적으로 성격, 인격, 본성, 자기 등으로 분류된다. 인성이란 선천적으로 주어진 인간의 기본적 인식체계, 또는 마음 바탕으로서 보편적으로는 자기실현의 경향성을 띤 생명력이다. 개별적으로는 개인이 환경과 상호작용하면서 나타내는 독특하고 일관성 있는 사고, 정서, 행동의 표현양식, 또는 고유한 적응방식으로서 적응적, 부적응적 형태로 나타난다.

괴테는 '우리에게 일어나는 모든 일은 그 흔적을 남긴다' 고 했다. 모든 것은 알게 모르게 우리의 모습을 만든다.

2. 종교적 관점에서 본 인성의 개념

이성과 의지력만으로는 원초적인 감정을 다스릴 수 없다는 것을 경험할 때, 우리는 자기 환멸감으로 괴로워한다. 명상(요가)적 관점에서는 마인드 컨트롤과 이미지 트레이닝을 통해 마음을 다스린다. 명상이론에서 인간, 곧 '나'란 본질상 물질이요, 정신으로서 에너지 활동체다. 그것은 영혼이 육체 안에 생명력, 또는 기(氣)로서 존재하는 현상이다. 영혼은 절대공간, 또는 무(無)의 상태로 존재하며, 신성(神性)의 한 조각으로서 근본적으로 희열과 기쁨 그 자체다.

불교적인 관점에서는 불교 핵심사상이 인도의 힌두와 요가에서 비롯되어 발전시킨 것으로 본다. 그래서 인간 본성에 대한 불교와 요가의 이론은 유사점이 많다. 불교에서도 인간의 마음 바탕은 본질상 무(無)요, 공(空)이다.

중요한 것은 인간이 인연에 의하여 끊임없이 변화하는 존재이면서 동시에 우주의 마음, 또는 신성과 통하는 순수정신이며, 그 본질은 희열과 지혜라는 것이다. 다시 말해서 '탐진치(貪嗔痴)'로 인해 본래 마음자리가 어두워졌다는 것을 똑똑하게 깨우치는 것이다. 탐진치란 탐욕(貪欲)과 진에(瞋恚), 우치(愚癡)를 말하는 불교 용어로, 탐내어 그칠 줄 모르는 욕심과 노여움, 어리석음을 뜻한다. 이 세 가지 번뇌는 열반에 이르는 데 장애가 되므로 '삼독(三毒)'이라 한다. 본성 자체인 마음을 바라보면서 무념무상의 상태에 머무르게 되면 열반과 해탈의 경지에 머무를 수 있다.

기독교적 관점에서 인간은 영혼과 육체로 구성된 신비스러운 존재로서 '생령'이라 부른다. 인간은 원래 하나님의 속성인 의(義)와 진리와 거룩함을 가지고 행복하게 살게 되어 있다. 하나님의 뜻, 곧 "항상 기뻐하라. 쉬지 말고 기도하라. 범사에 감사하라"를 실천하는 인생이다. 여기서 '기도하라'의 의미는 자기 성찰을 하라는 뜻과 동일하게 해석할 수 있다.

3. 삶의 목표로서의 인격완성

'훌륭한 사람은 군중 속에서 완벽한 조화를 이루며 독자적으로 사는 사람' 이라고 에머슨이 말했다. 인성교육과 관련하여 우리가 관심을 가지는 것은 어떻게 하면 인격의 통합 또는 인격완성의 경지에 도달할 수 있는가를 연구하는 것이다.

성격의 발달은 먼저 선천적인 유전의 영향과 후천적인 환경, 그리고 개인의 가치관과 결단에 따른 수행으로 결정된다. 이 세 가지 요인 중에서 가장 큰 힘을 발휘하는 것은 유전이다. 인격을 완성하려면 꾸준히 노력하여 수양해야 한다. 정답은 없는 것이다. 쉼 없는 자기 성찰과 수양을 계속할 때 자기 초월도 가능하다.

로버트 버니는 '인생의 목적은 목표 있는 인생을 사는 것' 라고 했다. 그렇다면 무엇이 목표 있는 인생일까? 먼저 적극적이고 긍정적이며, 진취적인 인격적 성품의 소유자로 거듭나는 것이다.

두 번째는 자기 발전을 위하여 어떠한 신념을 갖고 살아갈지 생각하는 것이다.

세 번째는 부모, 선생님, 자신을 성찰해보는 것이다. 이신교자(以身敎子)는 종(從)이요, '내가 모범을 보이며 최선을 다할 때 자식은 저절로 따라온다' 는 뜻이다. 반대로 이언교자(以言敎子)는 송(訟)이라, '말만 하고 도무지

일하지 않는 사람'을 뜻하는 것으로, '반항한다'는 의미이다.

끝으로 품성에 맞게 바른 몸가짐과 도덕성을 갖추어야 '목표 있는 인생을 사는 것'이라고 할 수 있다.

Education of humanism

제 2 부

인성교육의 실제

난세를 살아가는 지략

나는 나만의 삶을 살아야 하므로 운명을 받아들이고 사랑해야 한다.
그러나 정해진 것이라 해서 전혀 변화시킬 수 없는 것이 아니다.
인간의 힘으로 충분히 운명을 변화시킬 수 있다.

마음의 담금질을 하라

진실은 세상에서 존재하는 모든 미덕의 근본이다. 따라서 상대방으로
부터 신임과 인정을 받으려면 우선 자신부터 진실해야 하며 남을 속이
는 사람은 결국 자기 자신을 속이게 된다는 것을 명심해야 한다.

1. 남의 착한 말만 듣거든 기뻐하라

인생을 살면서 남의 말을 전혀 들으려 하지 않는 사람이 있다. 쓴소리하
면 눈을 시퍼렇게 뜨고 달려들기까지 한다. 남의 말을 귀담아듣지 않고 그
대로 흘려버리고 자기가 최고인 양 행세하기도 한다.

옛말에 '나무가 먹줄을 좇으면 곧아지고 사람이 다른 이의 충고를 받아들
이면 거룩해진다'고 했다. '좋은 약은 입에 쓰다'라는 충언은 귀에 거슬려
도 현실에 이롭다고도 했다. 충언역언 이리행(忠言逆言 耳利行)이란 '양약
은 입에 쓰나 병에 이롭다'는 뜻이다.

양약약어 구리병(良藥若於 口利病)이란 말에 해당하는 대표적인 사람은

조선 시대 최고의 장군인 이순신이다. 이순신은 계급을 막론하고 자신의 의견을 자유롭게 말하게 했다. 부하에게 주인의식을 고취하고 충성심을 발휘할 수 있도록 한 것이다.

이순신의 이러한 태도는 원활한 소통과 정보를 공유할 수 있는 리더십을 발휘한 것이다. 반면에 조정의 말이라면 반기를 들지 않고 따랐다. 자신만이 모든 것에 최고라는 자만심은 경계의 대상이기 때문이다. 남의 의견을 듣지 않으면 그 사람으로부터 충성심과 정보를 이끌 수 없다는 것이다.

어떤 상황의 변화, 충고의 말, 회의에서 나온 종합 의견 등에도 전혀 흔들리지 않는 나만의 생각이 있다. 모든 것은 자기 자신이 만들어가는 것이다. 다른 사람의 간언에 인색하지 말고 성스러워지기 위해서는 자기 자신들을 다스려야 한다.

당나라 시인 왕십이 이태백에게 보낸 편지를 보면 추운 밤에 홀로 술잔을 기울이다 자신이 아무리 잘나고 똑똑해도 알아주지 않는다며 울분을 터뜨리고 시를 지어서 보냈다는 설이 있다. 이것이 마이동풍(馬耳東風)의 유래이다.

인생은 원래 허무한 것

오래 산다 하더라도 100년을 못 산다

이 끝없는 생각, 술로나 씻어 버려야지

너는 재주가 없으니 천자의 사랑도 받지 못할 게고

북쪽 먼 변두리에 가서 오랑캐를

무찌르고 공로를 세워

높은 벼슬에 앉을 자격도 없다

우리가 할 수 있는 일이란 햇볕도 들지 않는 북쪽 창 앞에서 시를 읊고 글을 쓸 정도라 할까? 그 밖에 천 마디 말들이야 술 한 잔만 한 가치도 없다. 논어에는 '남의 비방을 들어도 성내지 말고 남의 좋은 소문을 들어도 기뻐하지 말며 남의 악한 것을 듣더라도 동조하지 말고 남의 착한 말만 듣거든 기뻐하라' 했다. 충고는 약이 된다. 충신은 없고 간신만 있는 요즘 세상에는 누구든 거침없이 충고의 말을 아끼지 말아야 한다.

2. 일어날 일은 반드시 일어난다

사람의 운명은 자신의 카르마(KARMA)에 따라 정해진다. 바닷물을 되로 잴 수 없으며 평범한 사람은 앞날을 점칠 수 없다. 일어나지 않을 일은 아무리 애를 써도 일어나지 않으며, 내가 원하지 않고 계획하지 않은 일일지라도 일어날 일은 반드시 일어난다. 아무리 막으려 해도 막을 수 없다.

이렇듯 사람의 운명은 같지 않다. 나는 나만의 삶을 살아야 하므로 운명을 받아들이고 사랑해야 한다. 내 삶은 내가 정한 것이 아니라 부여된 것임을 인정해야 한다. 그러나 정해진 것이라 해서 전혀 변화시킬 수 없는 것이 아니다. 인간의 힘으로 충분히 운명을 변화시킬 수 있다.

몇 해 전 방영된 드라마 〈해를 품은 달〉에서 주인공들의 비밀에 대한 관심이 높았다. 왕의 재목으로 태어난 훤(暄)은 태양을 의미하고 그 동반자인 월(月)은 달을 의미한다. 드라마의 제목에서 두 사람의 필연적인 운명을 암시하고 있다. 단순히 이름뿐 아니라 자신의 운명을 갖고 태어난 주요 등장인물들이 자신의 운명 속에서 어떻게 이야기가 진행될지 관심이 집중되었다.

제갈량이 말했듯 일을 계획하고 만드는 것은 사람이지만 그 일을 하는 것은 하늘에 달려 있다. 성사재천(成事在天)이라는 뜻이다. 그래서 예부터 진인사대천명(盡人事待天命)이란 말이 전해오고 있는 것인지도 모른다. 사람이 할 수 있는 일을 다 해놓고 하늘의 명을 기다려야 한다는 뜻이다. 사람의 운명은 하늘의 뜻에 달려 있기 때문이다.

이처럼 한 치 앞을 보지 못하는 게 인간이다. 그래서 어디 가서든 장담하지 말라고 한다. 중국 정나라 열자는 어리석고 귀가 먹고 아집 병이 있어도 그 사람은 부자로 살고, 아무리 지혜가 총명하고 잘났어도 가난하게 살며, 세상의 일은 이미 정해져 있다고 했다. 태어난 년, 월, 일, 시, 초, 이것이 운명인데 왜 사람을 탓하느냐고 했다. 그렇다. 운명은 정해진 것이다.

사람은 운명의 굴레 속에서 하루하루를 살아가고 있다. 사업의 실패와 성공은 마음대로 되는 것이 아니고 열심히 노력해도 제 맘대로 될 수 없다. 그럼에도 사람들은 '내 사주팔자는 왜 이런가?' 라고 탓하기도 한다.

3. 마음이 맑으면 꿈을 꾸어도 편안하게 잔다

〈경행록〉은 송(宋)나라의 저작(著作)으로 착한 행실을 기록한 책이다. 원본은 실전되어 자세한 내용을 알 수가 없으나 총 11편으로 구성되어 있다.

〈경행록〉에서 말하기를, 화는 요행으로 면하지 못하며, 복은 한번 받으면 다시 구하지 못한다. 대장군은 남을 용서할지언정 남에게 용서받는 자가 되어서는 안 된다. 자기의 삶을 보호하는 사람은 욕심이 적고, 몸을 낮추는 사

계선 편(繼善篇): 하늘은 본래 사람의 마음속에 선의 미덕을 부여한다

천명 편(天命篇): 하늘에 순종하는 자는 살고, 거역하는 자는 망한다

순명 편(順明篇): 인간은 태어날 때부터 하늘이 준 운명이 있다

효행 편(孝行篇): 부모를 봉양한다

정기 편(正己篇): 자기 몸을 닦는다

안분 편(安分篇): 만족할 줄 알아야 한다

존심 편(存心篇): 하늘이 주는 양심이 있다

계성 편(戒性篇): 사람은 태어날 때부터 착하다

근학 편(勤學篇): 배움은 삶을 풍요롭게 한다

훈자 편(訓子篇): 가르치는 것은 부분의 의미이다

성심 편(省心篇): 자기 마음을 성찰한다

람은 이름이 나는 것을 피한다. 욕심을 낮추기는 쉬우나 명성을 피하기는 어렵다.

음식을 담백하게 먹으면 정신이 상쾌하고, 마음이 맑으면 꿈을 꾸어도 편안하게 잔다. 마음을 맑게 하여 모든 일을 처리하면 비록 글을 읽지 않았다 하여도 덕 있는 군자라 말할 수 있다.

공자께서 이렇게 말씀하셨다.

"만사는 이미 정해져 있으며 덧없는 사람들이 바삐 날뛰느니라"

인생은 부질없고 안간힘을 써 봐도 결정된 운명을 뒤바꿀 수 없다. 일을

만들면 일이 생기고, 일을 하지 않으면 일이 없어지는 것이 인생사다. 부질없이 매달려 바쁘기보다는 일을 줄이고 자성의 시간도 갖는 것이 바람직하다.

4. 자신을 속이는 일은 더욱 밝게 보인다

〈명심보감〉 천명 편에서 중국의 현재(玄宰)는 '인간은 사사로운 말을 들을 때에 천둥소리처럼 크게 들리고, 캄캄한 밤에 자기 자신을 속이는 일은 신령의 눈으로 볼 때처럼 더욱 밝게 보이는 법'이라고 말했다. 이는 자기 자신과 하늘은 속일 수 없다는 뜻이다. 다른 사람을 속일 수는 있어도 자기 자신과 하늘만큼은 절대로 속일 수 없기 때문이다.

중국 후한 제6대 안제 때의 관료 양진(楊震)은 자(字)가 백기(伯起)로, 청렴결백하기로 유명했다. 관서(關西) 출신으로 어려서부터 학문에 전념해 박학다재하고, 인격이 출중해서 '관서의 공자(孔子)'라는 칭송이 자자했다.

양진이 동래군(東萊郡) 태수로 임명됐을 무렵의 일이다. 그가 임지로 떠나던 중 날이 저물어 창읍(현재 산둥성 금향현)의 어느 객사에 머물게 됐다. 그가 객사에서 혼자 이런저런 상념에 잠겨 있는데 창읍현 현령인 왕밀(王密)이 밤늦게 그를 찾아왔다.

왕밀은 양진이 형주(荊州)에서 자사(刺史·감찰관)로 있을 때 알게 된 사이였다. 그때 양진은 왕밀의 학식과 재능을 아껴 천거해 주었다. 양진은 왕밀의 출셋길을 열어준 은인인 셈이었다.

오랜만에 만난 두 사람은 밤이 깊어가는 줄 모르고 지난날의 이야기를 나누며 즐거운 시간을 보냈다. 그러던 중 왕밀이 슬며시 옷깃에서 황금 열 냥을 꺼내 공손하게 양진의 무릎에 올려놓았다. 왕밀은 그동안 양진의 보살핌에 대해 약소하지만, 성의로 알고 거둬주기를 간청했다. 하지만 양진은 부드러운 음성으로, 그러나 엄중한 표정으로 거절했다.

왕밀은 뇌물로 드리는 것이 아니라 베풀어준 은혜에 대한 보잘것없는 보답이라 생각하고 거둬주기를 거듭 간청했으나 양진은 두 눈을 부릅뜨면서 말했다.

"나는 옛날부터 자네를 알고 있고, 자네의 학식과 인물에 대해서도 확실하게 기억하네. 자네는 내가 짐작했던 바대로 출세해 현령 벼슬에 올랐네. 앞으로도 직무에 충실하여 영전을 거듭할 것을 의심치 않네. 그러니 나에게 보은이라면 그것으로 충분하지 않은가."

조선 시대 별운검에 얽힌 단종복위 사건의 예를 들어보자. '별운검'은 경호원들이 사용하는 검의 이름이기도 하고, 왕의 경호원을 지칭하는 이름이기도 하다. 사실 별운검은 2품 이상의 무관 두 사람이 임금의 좌우에 서서 호위하는 임시벼슬이다. 임금이 다른 곳으로 행차할 때 믿을만한 사람을 골라 임명했다. 무휼처럼 평생 따라다니는 별운검은 〈뿌리 깊은 나무〉 같은 드라마에서나 있는 일이다.

때는 1455년 10월, 세조가 조카 단종을 내쫓고 즉위한 지 2년 만에 명나라에서 책명사들이 도착했다. 명나라가 세조를 왕으로 인정하는 사신을 보내자, 세조는 이제 명실상부한 조선의 임금이 되었다.

사신들은 다시없을 융숭한 대접을 받았다. 세조는 이들을 위해 창덕궁 광연전에서 연회를 베풀기로 했다. 왕이 움직이는 만큼 별운검이 지명됐다. 성삼문의 아버지, 성승과 사육신의 한사람인 유응부였다.

세종과 문종의 총애를 받았던 집현전 학사들은 단종을 폐위시키고 왕위를 차지한 세조에 대해 강한 반감이 있었다. 성삼문, 박팽년, 하위지, 유성원 등은 무관인 유응부, 성승 등과 함께 세조를 제거하고 단종을 복위시키려 기회를 노리고 있었다.

그런데 때마침 천재일우의 기회가 온 것이다. 연회가 무르익어 감시가 소홀해진 틈을 타 별운검으로 지명된 성승과 유응부가 세조의 목을 치면 되는 일이었다.

그러나 이 희대의 거사는 이상한 낌새를 눈치챈 세조의 책사 한명회 때문에 암초에 부딪히고 말았다. 거사 당일 느닷없이 별운검 지명이 취소된 것이다. 장소가 협소하고 세자도 불참한다는 것이 이유였다.

성승과 유응부 등은 세조 암살을 강행하자고 주장했지만, 성삼문과 박팽년 등이 다음 기회를 노리자며 거사를 실행에 옮기지 못했다. 결국, 사건에 가담했던 김질과 그의 장인 정창손이 거사 계획을 세조에게 털어놓는 바람에 주동자들과 연루자 70여 명이 모두 붙잡히고 말았다.

공직자가 사복을 채운다면 그것을 국민들을 억압하고 강탈하는 것이나 다름없다. 자기 자신만 배부르면 된다는 오만한 생각과 파렴치한 행동들은 국가를 위태롭게 하는 행위이다. 인간은 모르지만 하늘은 다 알고 있다는 사실을 명심하며 살아가야 마땅하리라.

5. 입에는 백 개의 날이 있다

언어는 의사 전달의 매개체이다. 인간은 사회집단 구성원으로서, 그리고 문화에 대한 참여자로서 의사를 전달하는 것이다. 그러나 인간은 살아가는 환경에 따라 표현하는 방법이 다르다. 같은 사물을 놓고도 표현하는 방법이 다른 것이다.

말(馬)을 영어로는 Horse, 프랑스어로는 Cheval, 러시아어로는 Loshat 라고 한다. 이들 호칭 가운데 어느 특정 언어가 다른 언어보다 말(馬)의 실체를 보다 정확하게 나타낸다고 볼 수는 없을 것이다. 그 구성요소가 해당 언어의 일반적인 언어로 이루어져 있는 것을 생각하면 부분적으로 관습적이라는 것을 알 수 있다.

하지만 언어는 분명 체계적이다. 어린아이의 서투른 말투는 비체계적이지만 말하는 법에 숙달하면 발음 가능한 소리 가운데 일부분만 사용하고 질서와 상황에 맞게 배열한다. 여기서 질서라는 것은 의사소통이 가능한 일련의 천부적인 언어의 구조라 할 수 있다.

언어학은 언어를 체계적으로 연구함으로써 언어를 말하고, 읽고, 쓰는 능력을 취득하는 목적의 '언어연구'와는 별개다. 흔히들 언어는 힘이요, 진실이요, 신용이요, 정직이요, 겸손이라고 말한다. 인격이 언어이고 언어가 인격이다.

통계에 의하면 언어는 한 사람의 말이 54쪽 분량의 책 한 권이라고 한다. 책 읽기 6%, 쓰기 19%, 말하기 30%, 듣기 45%로 듣기가 가장 많다.

모 방송국 다큐멘터리 제작사에서 유리병 안에 밥을 넣고 시험을 하였는데 한 팀은 '고마워'라고 말했고 한 팀은 '짜증 나'라고 말하며 관리했다고 한다. 얼마 후, 전자 팀의 밥은 좋은 누룩으로 변하였고, 후자 팀의 밥은 검은 곰팡이로 변했다고 한다. 말의 힘은 대단하다. 심지어 미생물까지도 변화시키는 힘을 발휘하는 것이 언어의 힘이다.

좋은 말씨가 1년 후에 인생의 결과로 돌아온다는 것을 알아야 한다. 감사하는 마음이 바로 가장 강력한 기도이다. 언어의 파장은 위력이 커서 무엇인가를 변화시킬 수 있다. 말로 받은 상처는 사람을 죽음으로 몰아갈 수도 있으며, 말을 잘못하면 머리를 찍는 도끼가 되고, 심장을 찌르는 칼날이 될 수도 있다.

인생은 여수(如水)요, 수 일경 즉 불가 복(水一傾則不可復)이요, 성일(性一)은 종 즉 불가 반(縱則不可反)이라 했다. 사람의 성품은 물과 같아서 한번 엎질러지면 다시 담을 수 없다. 성품이 한번 방종해지면 다시 본 마음으로 돌아올 수 없다는 뜻으로 인생은 물과 같으며 한번 넘어지면 주워담기 힘들다는 의미이다.

칼에는 두 개의 날이 있지만, 입에는 백 개의 날이 있다고 했다. 성경에 '의인의 입은 생명의 샘이라도 악인의 입은 독을 머금었느니라'(잠 10:11)고 했다. 말은 언제 어디서나 조심해야 한다는 사실은 여러 번 강조해도 지나침이 없다. 결국 입과 혀는 재앙과 근심의 가장 큰 원인이다. 때문에 말은 스스로를 망치는 수단이 되므로 항상 삼가야 한다.

옛말에 '물을 막으려면 제방을 쌓고 성품을 옳게 하려면 예법으로써 하느리라' 했다. 조선 시대 문학자였던 김시습은 오래 살려거든 말을 삼가라 했으니 언어가 얼마나 중요한지 다시 한 번 깨달아야 한다.

6. 진실한 성품은 모든 미덕의 근본

인격은 삶의 월계관이요, 영광이며 지위와 신분을 떠나 명예로운 재산이라 했다. 위풍당당한 인격은 찬란한 빛을 발휘한다. 또한, 인격은 정직이요, 언행일치의 결정체다. 그래서 항상 말과 행동이 일치해야 한다. 인격은 시간이 갈수록 효력을 발휘하며 세상 무엇보다 신임과 존경의 표상이 된다. 인격은 따로 교육을 받지 않아도 막강한 영향력을 행사한다.

영국의 외무장관을 지낸 정치가 캐닝(1770~1827)은 '인격은 힘'이라고 말하며 "내 인생은 반드시 내 인격으로 쟁취하려고 한다. 다른 방법은 시도하지 않을 것이다"라고 말했다. 인격은 자신의 덕행에 달려있다는 것이다.

이처럼 우리는 모두 훌륭한 인격 형성을 인생 최고의 목표로 삼을 필요가 있다. 그 힘은 아무도 막을 수 없고 그 성취는 세상을 뒤흔들 것이다. 따라서 보다 나은 인격 형성을 위해 자기 마음을 잘 가꾸고 수양하며 몸가짐과 차림도 단정해야 한다.

스코틀랜드 출신인 미국의 헨리 드린먼드 목사는 "어짐과 사랑으로 가득 찬 성품이 이 세상에서 가장 위대하다"며 "인생을 뒤돌아 봤을 때 제대로 살았다고 생각되는 순간은 사랑하는 마음으로 살았던 순간뿐"이라고 말했다. 또한, "인격의 최고의 전략은 진실"이라고 말했다. 빌 게이츠는 "진실한 성품이 인생 최고의 경지"라 했다. 인격은 사회의 양심이며 국가의 원동력이다.

개인뿐 아니라 사회 모두 진실함을 금과옥조(金科玉條)로 삼고 행동해야 한다. 〈백만장자의 지혜〉라는 책에서 미국인 1,300명을 조사하고 연구한 결과에서도 나타났듯이 뛰어난 성품과 근면함이 뛰어난 자기 조절능력과 원만한 인간관계가 성공의 비결이라 할 수 있다.

도널드 더글러스도 진실의 힘으로 성공을 일구어낸 인물이다. 사람됨이 진실하다는 것은 최고의 칭찬이다. 왜냐하면 진실은 어떤 성품보다 사람의 속마음을 잘 비춰주기 때문이다. 진실하지 않은 사람은 어조나 표정, 사람을 대하는 태도에서 드러난다.

진실은 세상에서 존재하는 모든 미덕의 근본이다. 따라서 상대방으로부터 신임과 인정을 받으려면 우선 자신부터 진실해야 하며 남을 속이는 사람은 결국 자기 자신을 속이게 된다는 것을 명심해야 한다.

신용으로 인정받으려면 말과 행동이 일치해야 한다. 빌 게이츠는 다음의 네 가지 좋은 습관이 신용을 만든다고 했다.

신용을 만드는 네 가지 좋은 습관

첫째, 시간 엄수 **둘째,** 끈기 **셋째,** 신속함 **넷째,** 정확성

상대방에게 믿음을 주지 못하면 사람은 바로 설 수 없고, 기업은 성공할 수 없으며 사회는 안정될 수 없다. 믿음의 가치는 값으로 매길 수 없으며 그것이 무너지면 인격을 저당 잡히는 것과 다름없다. 현명한 사업가는 사업가적 기질을 살려 비즈니스 수행능력을 연마하는 동시에 사람을 대하는 태도나 방법도 익혀야 한다. 핵심은 진실함과 솔직함이다.

7. 겸손은 이익을 잃지 않는다

사업은 다른 사람의 자금을 빌려서 자신이 하고자 하는 일의 목표를 달성하는 것으로 결국은 부자가 되는 길을 말하는 것이다.

프랭클린, 힐튼, 시저가 이 길을 걸었고 맥도날드 창립자인 레이 크룩도

마찬가지였다. 이미 부자가 되었어도 기회가 보이면 놓쳐서는 안 되기 때문에 항상 자금을 빌릴 준비를 해야 한다. 남의 돈을 빌려 쓸 수 있는 전제조건은 자신의 행동거지가 도덕적 기준에 부합해야 한다는 점이다. 그 기준이 바로 진실이요, 정직이요, 신용이다.

미국의 16대 대통령 링컨의 삶은 사람의 인격이 세상에서 가장 위대한 힘임을 증명한 일생이었다. 첫발을 내딛으며 준비하는 사람이든 일상을 답습하며 살아가는 사람이든 자신의 인격 수련을 사업을 위한 자본으로 삼아야 한다. 무슨 일을 하든지 성품을 갈고 닦는 일을 게을리해서는 안 된다.

여기서 중요한 것은 바른 몸가짐이 최고의 밑천이라는 사실이다. 정직한 성품을 갖추고 수련을 잊은 채 지나치게 기교나 술수, 계략에 매달려서는 안 된다. 그래서 목숨을 걸고 정직한 성품을 지켜야 하며, 부유해져도 타락하지 않고 불의에 굴하지 않는 힘을 길러야 한다. 이것이 바로 성품이다.

사업에서 중요한 것은 겸손이다. 신약성서의 베드로 전서에는 '그러므로 하나님의 능하신 손 아래서 겸손하다. 때가 되면 너희를 높이시리니' 라는 구절이 있다. 그릇에 물이 차면 넘치듯 사람도 자만심이 가득하면 새로운 지식과 경험, 다른 이의 충고를 담을 수 없다. 그런 사람은 사업이 진전하기는커녕 갈수록 몰락해 간다.

빌 게이츠도 경쟁자의 견해나 충고가 스스로 자신을 바라보는 것보다 더 옳을 때가 많았다고 했다. 선인들이 말했듯 '자만은 손실을 가져오고 겸손은 이익을 잃지 않는다' 는 것을 잊지 말아야 할 것이다.

레오나르도 다빈치는 얕은 지식은 사람을 자만하게 하고 깊은 지식은 사람을 겸손하게 한다고 했다. 속이 텅 빈 벼는 고개를 빳빳이 들고, 속이 꽉 찬 벼는 어머니 같은 대지를 향해 겸손으로 고개를 숙인다고 했다. 저마다 가진 그릇 크기는 유한하지만 겸손한 마음을 가지면 그 그릇이 무한히 늘어나 겸손이 살고 더 많은 지식을 얻어 크게 성취한다는 것을 말해주고 있다.

어느 날 학생들이 아인슈타인에게 이렇게 질문했다.

"교수님은 지식이 해박한데 왜 배우는 것을 멈추지 않으십니까?"

아인슈타인은 이렇게 대답했다.

"이미 알고 있는 지식을 차지한 부분은 원인데, 원이 커지면 원의 둘레도 점점 늘어나 접촉할 수 있는 미지의 부분이 더 많아집니다. 지금 나의 원은 여러분의 것보다 커서 미지의 부분이 여러분보다 많습니다. 모르는 것이 더 많은 것입니다. 그런데 어떻게 배움을 멈출 수 있겠습니까?"

러시아의 대 문호 톨스토이는 '사람을 수학(數學)의 분수에 비유하면 분자는 재능과 능력이고, 분모는 스스로에 대한 평가'라고 말했다. 분모가 클수록 가치가 올라가고 분수의 전체 가치는 떨어진다는 것이다. 자신의 지식, 성취, 지위가 아무리 대단해도 자만해서는 안 되며 항상 겸손, 조신(操身)해야 한다.

인간은 목표에 상관없이 승부욕이 있다. 하지만 반드시 겸손해야 한다. 정상에 오르고 나면 겸손의 중요성을 더욱 절감한다. 겸손한 사람만이 지혜를 빌릴 수 있기 때문이다. 현명한 사람의 가장 뚜렷한 특징은 '내가 틀렸어'라고 말할 수 있다는 점이다. 진정한 의미의 겸손은 아무런 선입견이 없어야 하며 구속 받지 않은 채 생각을 해방시켜야 한다.

겸손은 여러 가지 의견을 주의 깊게 듣고 참고하는 것이다. 명리를 쫓아 공을 세우는 일에 안달하지 않으며, 고난 속에서도 굽히지 않고 용감히 전진해야 한다. 또 겸손은 남을 치켜세우고 자신을 낮추는 것이 아니라, 자신과 남을 모두 높이는 것이다. 이렇듯 적절한 처세술은 성공으로 가는 최고 지름길임을 명심해야 한다.

8. 명예는 감출수록 드러난다

〈격왕시〉에 이런 말이 있다.

"세상을 살아가면서 남에게 인상을 찌푸리지 않는다면 어찌 세상 사람들이 그대에게 이를 갈며 달려들겠는가?"

평상시의 행동이 매우 중요하다는 뜻이다. 좋은 일은 천 리 밖에 나가지 않으며, 나쁜 일은 천 리 밖으로 금방 간다 했으니 이것 역시 명예가 중요하다는 것을 말하고 있다.

인간은 아무리 지혜가 총명하더라도 항상 어리석은 척해야 하며, 천하를 흔들 힘이 있더라도 상대를 두려워해야 하며, 높은 공적을 세웠더라도 겸양해야 하고, 세상 천하의 부를 다 가졌다 해도 항상 겸손해야 한다.

성인들은 언어에 법도가 없으면 허물과 근심이 따르고, 음식이 때를 잃으면 고달프고 수고로우며, 탐욕이 심하면 게을러지고, 희로애락의 기복이 심하면 그 성품은 온전하게 보전하지 못한다고 강조했다.

칭찬받는 일을 하기에 앞서 남이 눈썹 찡그릴 일은 하지 말아야 한다. 스스로의 업적 자랑하여 비석에 그 이름과 공을 새기는 것보다는 다른 사람들의 입으로 전해지는 것이 진정한 업적이다.

사람이 훌륭하고 덕망이 높으면 구태여 자랑하지 않아도 모두가 알아서 흠모한다. 그래서 평소에 덕을 쌓으라는 것이다. 명예는 감출수록 드러나는 법이다. 아름다운 명예가 있으면 저절로 세상에 알려지게 마련이니 어찌 스스로 알리기에 힘쓰겠는가? 자기의 명성을 세상에 알리려고 힘쓰는 자는 실속이 없는 사람들이라는 것을 알아야 한다.

9. 많이 듣고 적게 말하라

사소십다(四少十多)라는 말이 있다. '네 가지를 삼가고, 열 가지는 많이 하라' 는 뜻이다.

사소십다(四少十多)

●사소(四少)

1)소식(少食): 과식하지 마라

2)소언(少言): 말을 많이 하지 마라

3)소로(少怒): 화를 내지 마라

4)소욕(少慾): 욕심은 만병의 근원이다

●십다(十多)

1)다동(多動): 많이 움직여라

2)다욕(多浴): 매일 목욕하라

3)다설(多泄): 잘 배설하라

4)다접(多接): 만져주고 도와줘라

5)다소(多笑): 많이 웃어라

6)다망(多忘): 과거를 잊어라

7)다정(多靜): 고요한 마음을 가져라

8)다용(多容): 너그러워라

9)다인(多忍): 끝까지 참아라

10)다용(多勇): 매사에 용기를 가져라

이처럼 사소십다(四少十多)를 잘 지켜야 우리 인생이 한결 풍요롭고 행복할 수 있다. 말에는 질의 상승이 있어야 하며 횡포가 적고 최소화하는 것이 비결이다.

노자의 〈도덕경〉 5장에 나오는 다언수궁(多言數窮)은 '말을 많이 하면 수가 박하다'는 뜻이다. 말을 많이 하는 사람치고 실수 안 하는 사람이 있을까? 말을 많이 하는 사람은 신뢰성이 떨어지고 가볍게 보인다. 약장수나 사기꾼들이 말을 많이 한다.

하지만 말로써 상대방을 설득시킨다고 생각하면 커다란 오산이다. 말과 행동이 같아야 믿음이 생긴다. 말을 많이 하면 그 말에 책임이 뒤따르게 마련인데 말하는 만큼 행동이 따라주지 못하면 그 사람은 궁해지기 마련이다.

화류반구(話留半句)는 '말을 반만 하라'는 뜻이다. 중국 사람들은 상대방이 하는 말의 1/3 정도만 한다. 남의 말을 잘 들어주고 말을 아끼면 '점잖은 양반'이라고 했다. 가정에서 부모가, 직장에서 상사가, 나라에서 대통령이 말이 많으면 그게 바로 '다언수궁'이 되는 것이다. 그래서 '침묵은 금'이라고 했던가? 꼭 필요한 말만 하면서 살아가면 그만큼 실수가 적고 바른 생활을 할 수 있다.

말을 잘하는 사람은 상대방을 편하게 해주면서 말을 잘 들어주는 사람이라고 한다. 가만히 보면 말이 많은 사람은 글을 잘 못 쓰고, 글쟁이들은 말수가 적다. 사람들이 남의 말을 잘 듣고, 상대방을 편안하게 해주는, 진정으로 말 잘하는 사람이 되었으면 좋겠다.

맹자께서 말씀하시기를, 출호이자(出呼爾者) 반호이자(反呼爾者)라, '네게서 나온 것은 네게로 돌아간다'는 뜻이다.

나에게서 나온 것은 나에게로 돌아오고 너에게서 나온 것은 너에게로 돌아간다. '이(爾)'는 '여(汝)'와 같은 뜻으로 '너'를 의미한다. '네가 한 언행은 모두 너에게로 돌아온다. 선을 행하면 선이 돌아오고, 악을 행하면 악이 돌아오는 것, 사람은 자기가 심은 대로 거둔다'는 뜻이다. 콩을 심으면 콩을 거두고, 팥을 심으면 팥을 거둔다. 콩을 심었는데 팥이 나는 일이 없고, 팥을 심었는데 콩이 나는 일은 없다. 많이 심으면 많이 거두고, 적게 심으면 적게 거둔다. 심지 않았는데 거두는 일은 없다.

종두득두(種豆得豆) 종과득과(種果得果)라, 콩을 심으면 콩을 거두고 오이를 심으면 오이를 거둔다. 남에게 증오의 화살을 보내면 남도 나에게 증오의 화살을 보낸다. 내가 남에게 따뜻한 미소를 보내면, 남도 나에게 따뜻한 미소를 보낸다. 작용이 있으면 반드시 반작용이 있다. 이것은 물리학의 법칙인 동시에 세상의 법칙이다.

공연히 남이 나를 싫어하거나 미워하는 것이 아니다. 내가 남에게 그러한 행동을 했기에 그 결과가 분명 나에게 돌아오는 것이다. 원인 없는 결과는 없다. 인(因)은 반드시 과(果)를 낳는다. 악인은 악을 낳고, 선인은 선을 낳는다. 업에는 반드시 보가 따르는 법. 선업에는 선보가 따르고 악업에는 악보가 따른다. 네게서 나온 것은 모두 네게로 돌아온다. 맹자의 말은 인생의 진리이다. (안병욱 에세이 중에서) 인과응보 자업자득, 나에게서 나온 것은 나에게로 돌아오니 늘 잊지 말고 살아야 한다.

아름다운 말은 오랜 침묵에서 나온다. 견선여갈(見善如渴) 문악여롱(聞惡如聾)이라, 시련은 대부분 나에게서 온다는 것을 가슴 깊이 새겨둘 필요가 있다.

한 예로, 조선 시대 연산군의 무오사화(戊午士禍)로 인해 약 50년 동안 네 번의 사화가 일어나 사림 수백 명이 죽거나 귀양을 갔다. 무오사화는 세조

(수양대군)를 폭군으로 비유한 사림파의 김종직을 그의 제자 김일손이 사관으로 있으면서 〈성종실록〉에 삽입하는 과정에서 벌어진 사화이다.

사건의 본질은 왕권에 대한 도전을 연산군이 무자비하게 억누른 것이다. 세조(수양대군)의 부인인 정희왕후가 죽어 나라가 상중이었음에도, 당시 전운 감사로 있던 이극돈이 근신하지 않고 기생들과 어울려 놀았다는 것을 규탄하는 상소문을 김일손이 사초에 기록했다. 김일손은 사초에 자신의 상관인 이극돈과 관련된 불미스러운 사항을 낱낱이 적었고 이극돈은 이 조항을 삭제하려다 발각됐다.

사초는 사관이 당시의 시정을 기록한 것이며 실록 편찬의 토대가 되는 자료다. 이극돈은 여기저기에 압력을 넣어 사초에 실린 자신에게 불리한 기록을 몰래 삭제하려다가 덜미가 잡혔다. 궁지에 몰린 이극돈은 줄타기의 천재 유제광을 끌어들였다. 유제광은 사림파들에게 매번 천한 서자라고 차별받은 원한을 품고 있었기 때문이다. 게다가 이극돈은 김종직에게 원한이 있었다. 김일손의 스승인 김종직이 함양군수 시절에 함양의 정자에 걸려있던 자신이 쓴 현판을 떼어내서 불사른 일이 있었다.

유제광과 훈구파 대신들이 김일손의 사초가 상대의 불리한 일들을 고필하여 기록했다고 모함하자 연산군은 김일손과 관련된 사초를 모조리 가져오라고 했다. 원래 사초는 왕이 보지 못하게 되어 있었는데 훈구 대신들은 김일손이 기록한 시초가 종묘사직과 관련 있다는 핑계로 이를 발췌하여 연산군에게 바친 것이다. 이것이 조선 최초로 당이 사초를 보게 된 사건이다.

무오사화는 이극돈으로부터 시작되었다. 하지만 이를 확대하여 세조 수양대군의 즉위를 부정하고 대역죄를 지었다고 몰고 간 인물은 줄타기의 천재 유제광이었다. 유제광은 김일손의 목사를 이용하여 사림파를 몽땅 제거하려는 계획을 세웠다. 그런데 생각대로 되지 않자 유제광은 김일손을 국문해 김종직을 끌어들였다. 여기서 '조의제문'은 '의제를 애도하는 글'이라는 뜻으로 김종직이 생전에 꾼 꿈에 대해 쓴 글이다.

꿈에 신선이 나타나 이렇게 말했다.

"나는 초나라 혜왕 손심인데 소초 패왕 황후에게 살해되어 빈 강에 잠겼다"

이 꿈을 꾼 후 김종직은 글을 지어 의제를 조문했고 그 글이 바로 '조의제문'이다. 유제광이 이 글에서 말한 의제는 단종을 의미하고 소초 패왕은 세조를 은유한 것으로 결국 '조의제문'은 단종을 죽인 인물이 세조인 것을 후대에 가르쳐주기 위한 글이다.

세조가 단종을 죽여 강에 던져버렸다는 것을 후대에 알릴 생각으로 악의적으로 썼다고 해석했다. 이 때문에 연산군이 '조의제문'을 검토했는데, '조의제문'보다 더 큰 문제가 사초에 있음을 알았다. 사초에 세조가 과부가 된 자기 며느리 귀인 권 씨를 범하려 했다는 소문이 잠깐 돌았는데 김일손이 이를 사실인 양 사초에 적어 놓았다. 더구나 '단종의 시신을 산속에 던져 까마귀와 솔개가 날아와 쪼아먹었다'라고 기록했다.

김일손이 쓴 사초를 보고 화가 난 연산군은 이미 죽은 김종직의 제자들을 모조리 잡아들여 국문을 시작했고 거듭되는 고문에 칡넝쿨 얽히듯 연루자가 늘어났다. 사초에 관련된 사건이다 보니 사관들이 많이 연루되었다.

그래서 무오사화의 '사' 자에 '역사 사(史)' 자를 쓰기도 한다. 어쨌든 김종직은 부관참시당했고 사신 김일손 등은 능지처사 당하고 삼족이 처형당했다. 이 때문에 성종 때 급부상했던 사림파의 씨가 말라버렸다. 연산군은 귀찮고 말 많던 사림파들을 다 죽이고 신하들의 생살여탈권을 쥔 절대 권력자로 급부상했다.

사불급설(駟不及舌)이란 '네 마리의 말이 끄는 수레로, 혀에 못 미친다'는 뜻이다.

공자의 제자인 자공에게 이렇게 물었다.

"이 나라 대부인 국자 성의 군자는 바탕만 있으면 되었지 문(文)이 왜 필요합니까?"

그러자 자공이 다음과 같이 대답했다.

"안타깝습니다. 그대의 말씀은 군자의 말씀입니다. 네 필의 말이 끄는 수레도 혀에 미치지 못합니다."

천자지설(天子之舌) 군자야(君子也) 사불급설(駟不及舌)이라, 문(文)이 질(質)과 같고 질(質)이 문(文)과 같다면, 호랑이나 범의 가죽이 개나 양의 가죽과 같다는 것인가? 송나라 구양수의 필설에도 '한마디 말이라도 한번 입을 떠나면 네 필의 말이 끄는 수레라도 쫓기 어렵다'는 대목이 있다. 일언기출(一言旣出)이 사마난추(駟馬難追)라, '사람은 한번 말을 뱉으면 주워담지 못한다'는 뜻이다.

오늘날 정치인들도 말을 함부로 하는 사람이 많으며 지키지 못할 약속을 너무 많이 하고 있다. 입조심, 말조심, 혀 조심이 그 어느 때 보다 필요한 시기이다. 화자구출(禍者口出)은 병자구입(炳者口入)이라, '화는 입으로부터 나오고 병은 입으로부터 들어온다'는 말도 명심해야 할 것이다.

10. 오직 사람의 두 마음을 두려워하라

대면공화(對面共話) 심격천산(心隔千山)이라, '서로 얼굴을 맞대고 이야기를 전부 털어놓고 산다지만, 천산의 사이에 둔 것 같이 마음은 떨어져 있다' 는 뜻이다. 고려의 국운이 쇠퇴하면서 이성계가 혁명을 일으키려 하지만 여러 가지 체면 관계로 못했다. 이에 아들 이방원이 정몽주에 다가가 그의 마음을 조심스레 접근했으나 도무지 마음을 알 수 없다 하여 〈하여가〉와 〈단심가〉를 서로 주고받았다는 유명한 이야기가 있다. 몸과 마음이 서로 따로 움직이고 있다는 것이다.

옛말에 '겉 다르고 속 다르다' 는 말이 있다. 속내를 털어놓고 대화를 하지 못하고 세상을 산다는 것은 참으로 애석하다. 이에 우리는 서로 장벽을 치고 있다는 것에 인간의 독한 마음을 읽을 수 있다. 얼굴을 맞대고 살면서 몸과 마음이 같지 않게 살고 있다는 것은 어찌할 도리가 없다. 조물주께서 인간을 그렇게 만들었기 때문이다.

〈명심보감〉에서 강조한 글들을 보면 '사람을 만나거든 말을 1/3만 말하고, 아무리 정들었던 사람이라도 절대 마음을 주지 말라' 고 한다. 후회할 일들이 생기기 때문이다.

때로 인간은 배신을 하고, 반역하기도 한다. 뒤통수를 친다는 것이다. 그리고 호랑이의 세입을 두려워 말고, 오직 사람의 두 마음을 두려워하라. 인간의 두 마음이 변하길 두려워하라 했지 않은가. 그만큼 인간이 무서운 존재라는 것이다.

우리 속담에 '열 길 물속은 알아도 한 길 사람 속은 모른다' 는 말처럼 상대방이 어떤 마음을 품고 있는지 모르기 때문이다. 따라서 말하는 것을 지극히 조심하고 경계해야 한다. 결국 사람은 덕을 쌓을 때 비로소 인간답게 살아갈 수 있다.

공자가 말하기를, 사람을 보고 말(言)을 택하지 말고, 말(言)을 가지고 사람을 택하지 말라 했다. 말(言)하는 것만 가지고 사람을 그대로 평가하고 믿어준다는 것은 경솔하며 멍청한 짓이다. 마음의 거리를 좁히기 어렵기 때문이다.

살아가면서 부딪히고 이해관계에 놓여있는 것이 인간관계라면 인간의 마음을 헤아린다는 것은 너무나 어렵다. 이렇게 알기 어려운 인간의 마음을 경계하고 의심하고 살아가는 것은 어쩌면 너무나 당연한 일인지도 모른다.

아름다운 말은 오랜 침묵 끝에 나온다

인생을 바꾸고 싶다면 말을 바꾸어야 한다.
아름다운 말은 세상을 살리고 모든 이에게 축복과 희망을 준다.

1. 혀는 몸을 자르는 칼이다

중국에 풍도라는 정치가가 있었다. 그는 당나라가 망하고 송나라가 건국될 때까지 혼란기를 틈타 흥망성쇠를 거듭했다. 5대, 즉 후당, 후량, 후주, 후진, 후한을 거쳐 오는 동안 다섯 왕조의 여덟 개의 성(姓)을 가진 11명의 왕을 모신 처세의 달인이요, 기회주의자요, 감리주의자로 알려졌다. 풍도가 지은 방책시가 오늘날까지 전해지고 있는데 그 시의 내용은 다음과 같다.

우리는 언제 어디서 무슨 말을 하든 분명 책임을 져야 한다. 정치인이나

구시화지문(口是禍之門): 입은 재앙을 불러들이는 문이요
설시참신도(舌是斬身刀): 혀는 몸을 자르는 칼이다
폐구심장설(閉口深藏舌): 입을 닫고 혀를 깊이 감추면
안신처처우(安身處處宇): 가는 곳마다 내 몸이 편안하리라

지도자는 특히 그렇다. 진심은 칼의 성질과 비슷하다. 칼은 칼집에서 나오는 순간 자를 수도, 깎을 수도, 베일 수도, 찌를 수도 있다. 칼끝이 어디로 향할지 알 수 없기 때문에 늘 조심해야 한다.

말(言)도 마찬가지이다. 때문에 언행을 조심해야 한다. 혀가 어디로 향할지 알 수 없다. 지혜와 용기와 절제가 필요하다. 진심은 혀를 통과하지만, 그 혀 때문에 상처받는 사람이 생길 수 있다는 것을 명심해야 한다.

2. 아름다운 말은 오랜 침묵 끝에 나온다

언어의 사전적 의미는 '인간의 사상이나 감정을 표현하고 의사를 소통하기 위한 소리나 문자 따위의 수단'이다. 문장은 소통이 가능한 언어를 문자로 표현한 것이다. 그 사람이 사용하는 언어는 곧 그 사람의 인격을 말해준다.

한 사람이 동일한 사안을 두고 서로 다른 두 가지의 말을 구사하는 것을 '이중 언어'라 한다. 언어는 칭찬과 격려의 말이어야 하며, 파괴적이거나 공격적이고, 전투적이어서는 안 된다. 앞뒤가 다른 말을 해서도 안 된다. 사람을 위로하고 사랑하며 항상 격려를 아끼지 않는 말이어야 한다.

겸손은 교만을 없애주고 온유함은 철저한 통제와 절제를 가능해준다. 용서는 허물을 감싸준다. 그래서 사람은 상대방을 이해하고 받아주어야 한다. 인간이 구사하고 있는 부정적인 언어는 75%, 긍정적인 언어는 25% 정도라고 한다. 링컨이나 존 브라운처럼 항상 말은 깨끗하게 해야 한다.

말의 위력은 대단하다. 말(言)이 달라지면 인생이 바뀐다. 이처럼 중요한 언어생활을 어떻게 하면 개선할 수 있을까?

먼저 자기 마음을 잘 가꾸어야 한다. 말은 그 사람의 인격이요, 삶이요, 정신이며, 사상이다. 그 사람 자신이다. 이 원칙을 알았다면 해결책도 논리적으로 아주 간단하다. 말이 만들어지는 마음의 창고를 깨끗하게 정리하면 언어가 달라진다.

우리는 지속적으로 마음을 깨끗하게 유지하게끔 노력해야 한다. 만일 죄를 범했다면 신속하게 회개하여 마음의 성결함을 지켜내야 한다. 많이 듣고 적게 말해야 한다. 상대방의 말을 오래 듣고 심사숙고해야 한다. 무척 힘들지만 노력해야 한다.

영국의 처칠 수상은 '입으로 나오려던 말을 꿀꺽 삼켜도 배탈 난 일은 없다'고 했다. 아름다운 말은 오랜 침묵 끝에 나온다. 말을 많이 하면 공격의 대상이 될 수 있으니 조심해야 한다.

미국 대통령 링컨이 암살당했을 당시 그는 호주머니에 매우 오래되고 낡은 신문조각을 넣고 있었다고 한다. 신문의 내용은 링컨이 당대의 가장 위대한 사람이라고 칭찬했던 존 브라운의 연설문이었다. 링컨은 신문조각이 닳은 정도로 그것을 주머니에 넣고 다녔다.

인생을 바꾸고 싶다면 말을 바꾸어야 한다. 아름다운 말은 세상을 살리고 모든 이에게 축복과 희망을 준다.

3. 말실수가 없는 사람은 자신의 몸을 다스릴 수 있다

〈법구경〉에 보면 '입은 몸을 망치는 독이요 몸을 찌르는 칼날' 이라고 했다. 말을 조심하지 않으면 바로 자신의 입에서부터 화가 시작되는 것이다. 결국 그것이 불길이 되어 내 몸을 태우게 된다. 입을 '독' 과 '칼날' 로 비유했다면, 혀는 불과 같다. 혀는 악의 불씨이다. 우리는 일상생활 속에서 실수하는 일이 많다. 말(言)에서 실수가 없는 사람은 자신의 몸을 다스릴 수 있는 사람이다.

달리는 말(馬)의 입에 재갈을 물리면 마음대로 능히 부릴 수 있다. 바람의 힘으로 움직이는 크나큰 배도 아주 작은 키 하나로 조정이 된다. 키잡이는 자기가 원하는 방향으로 그 배를 마음대로 항해할 수 있다.

이처럼 혀는 인체의 가장 작은 부분이지만, 온 세상을 더럽힐 수 있다. 작은 불씨가 큰 불씨로 변할 수 있고, 평화를 불태울 수도 있다. 혀는 악마요, 불의 세계이다. 혀는 사람을 죽음의 세계로 몰아갈 수도 있다.

진나라 포박자도 다음과 같이 말했다.

영부월이정간(迎斧鉞而正諫)이라, 충신은 도끼로 찍혀 죽을지언정 임금에게 바르게 고해야 하며, 거정확이진언(據鼎鑊而盡言)이라, 가마솥에 들어가 삶아 죽을지언정 진정으로 충성을 다하여 임금에게 고하는 것이 충신이다. 나라와 조직을 위해서 할 말은 반드시 해야 한다. 바르게 고하고, 바르게 말하는 것이 충신이다.

요즘 세상은 어찌 된 일인지 충신은 보이지 않고, 온통 간신들만 판치는 나라가 되었다. 정치가 아무리 창포와 갈대라 하지만 바르게 고(告)하는 이 없고, 세상이 어지럽다. 보다 신뢰하고 서로 의지할 수 있는 지혜를 모아야 할 것이다.

입과 혀는 재앙과 근심의 가장 큰 핵심이다. 결국 스스로를 망치는 수단이 되기에 삼가야 한다. 또한, 말은 때와 장소, 그리고 상대방에 따라 이치에 맞아야 한다.

유회는 이렇게 말했다.

"말은 약이 될 수도 있고 독이 될 수도 있는 양면성이 있다."

언어는 그 사람의 교양이나 배움의 정도를 가장 정확하게 나타내는 것이다. 따라서 말(言)이 우리의 생활에서 얼마나 중요한지 깨달아야 한다.

〈명심보감〉 언어 편에 보면 말을 천금처럼 여기라는 금언들이 잘 나와 있다. 사람을 이롭게 하는 말은 따뜻하기가 솜과 같고 사람을 상하게 하는 말은 날카롭기가 가시 같아서 한마디 말이 사람을 이롭게 할 때에 중하기가 천금과 같고, 한마디 말이 사람을 해롭게 할 때에 아프기가 칼로 베는 것과 같으니라. 거듭 말을 아끼라는 뜻이다.

4. 사람의 마음을 얻는 일은 바람을 잡으려는 것

"인간 사회에서 가장 중요한 일은 무엇인지 아세요?"

이렇게 묻는다면 누구든 쉽게 대답을 하기는 어렵다. 어떤 사람은 직장에서 열심히 일하는 것이라고 하고, 또 어떤 사람들은 돈을 버는 것이라고도 한다. 또 다른 사람들은 친구들과 즐겁게 노는 일이라고 말할 수도 있다. 그 외에도 좋아하는 사람을 만나 연애를 하는 일, 밥 먹는 일 등 무수히 많을 것이다.

하지만 어려운 일이 무엇이냐고 물으면 하나같이 말할 것이다. 그것은 바로 사람이 사람의 마음을 얻는 것, 사람의 인격, 품성, 신뢰, 다른 사람으로부터 존경심이 우러나오도록 충성심을 자발적으로 불러일으키는 리더십이라고 말이다.

상대방의 마음을 사로잡는 일, 자발적으로 따르고 목숨을 걸고 충성할 수 있도록 하는 일은 참으로 어렵다. 하지만 어려운 만큼 그보다 가치 있는 일은 없다. 상대방의 마음을 얻으려면 어떻게 해야 할까?

살면서 소중하고 중요한 것이 무엇인지를 깨닫고 지켜야 한다. 그중 하나가 인간관계의 중요성이다. 상대방을 먼저 이해하고 알아주어야 한다. 소중한 사람을 만나면 본인이 하기 싫은 일을 그 사람에게 시키고 싶지는 않을 것이다.

만약 내가 누군가에게 무엇을 얻고자 했다면, 그런데 생각했던 것과 달리 이득이 없다면 어떻게 해야 할까? 그럴 때는 분명히 자기 자신을 돌아봐야 할 것이다. 상대방의 마음을 사로잡지 못하고 본인의 이익만을 위해 성급하게 움직였다면 반드시 실패할 것이기 때문이다.

인간관계에서 중요한 것은 무엇일까? 사람들은 '신뢰', '믿음', 그리고 '사랑'이라고 말한다. 다 맞는 얘기다. 그러나 최고의 방법은 상대방을 이해하고 알아주는 것이다.

내가 가진 용량은 적은데 상대방이 더 많은 것을 바란다면 그는 나쁜 사람이다. 친구 사이도 멀어지고 급기야는 관계가 끊어질 것이다. 사람은 재주가 뛰어나도 관계가 원만하지 않으면 좋은 친구가 될 수 없고, 인간관계도 지속할 수 없다.

인간관계가 중요하다는 것은 나이가 들수록 더 많이 느낀다. 사회 생활하는 사람일 경우 가장 힘든 부분이 어떤 부분이냐고 물었을 때, '인간관계의 어려움'이라고 답하는 사람이 가장 많았다. 따라서 원만한 인간관계를 유지하기 위한 가장 좋은 방법은 상대방을 이해하고 알아주는 것이다.

그렇다면 인간관계를 형성하는 데 어떤 어려움이 있을까? 주로 자기중심적인 사람이 어려움에 봉착하는 경우가 많은데 상대방을 배려하기보다는 자기주장, 자기 색깔이 너무 강하기 때문이다. 이런 사람은 사회생활을 한데 어려움이 따른다. 자기주장이 강한 사람은 추진력은 있을지 모르지만, 상대방이 다가가기 어렵다.

우리 주변에는 혼자 떠돌아다니는 사람들이 많이 있다. 스스로를 돌아보고 시간이 더 늦기 전에 자신이 고쳐야 할 점이 무엇인지 개선하고 좋은 인간관계를 유지해야 한다.

공자의 제자 자로가 이렇게 물었다.

"즐겁게 살려면 어떻게 하면 됩니까?"

공자가 대답했다.

"어려운 것은 아니다."

공자가 뒤이어 말한 내용은 〈논어〉 양화 편에 나오는 다섯 가지이다.

"첫째, 공손하면 업신여기지 않고, 둘째, 신임하면 믿음으로 일을 맡기고, 셋째, 관대하면 여러 사람이 따르고, 민첩하면 무슨 일이든 이룰 수 있고, 넷째, 은혜로우면 남을 부릴 수 있으며, 다섯째, 예절에 맞으면 난폭을 멀리할 수 있고, 얼굴빛이 밝으면 신에 가까우며, 말에 예의가 있다면 억지나 더러움을 멀리할 수 있다."

〈중용〉의 성과 정치 편에 이런 내용이 있다.

"사람의 도(道)는 정치에 빠르고 땅의 도(道)는 나무에 빠른 것이니 무릇 정치라는 것은 창포나 갈대 같은 것이다."

창포는 천남성과의 여러해살이풀이며 갈대는 바람에 흔들리는 풀이다. 정치의 성패가 사람에 달려있다는 뜻이다. 사람을 다스리는 방법을 알면 천하와 국가를 다스릴 수 있을 것이라는 의미다.

몸을 닦는 것과 어진 이를 높이는 것, 어버이를 친히 하는 것과 대신을 공경하는 것, 신하를 자신의 몸같이 보살필 것과 서민을 자식처럼 돌보는 것, 모든 공들을 모이게 하는 것과 먼 곳 사람들을 부드럽게 하는 것, 그리고 제후들을 따르게 하는 것, 이것이 천하와 국가를 다스리는 '구경(九經)'이라 했다.

성(誠)과 도(道)에서는 모든 일은 준비되어 있으면 바로 서고, 예비 되어 있지 않으면 폐(廢)하나니 말은 먼저 정해져 있으면 곧 엎어지지 아니하고, 일은 먼저 정해져 있으면 곧 곤란 받지 아니하고, 도(道)는 먼저 정해져 있으면 궁하게 되지 않는다 했다. 행동이 먼저 정해져 있으면 곧 탈이 나지 아니하고, 도(道)는 먼저 정해져 있으면 궁하지 않는다.

아랫자리에 있으면서 윗사람에게 신임을 얻지 못하면 백성을 다스릴 수 없다. 친구에게 신임을 줄 수 없다면 윗사람의 신임을 얻지 못할 것이다. 어머니에게 효도하지 못하면 친구에게 믿음을 주지 못할 것이다. 이렇듯 인간 관계가 얼마나 중요한지 반드시 깨달아야 할 것이다.

5. 겸손은 검보다 강하다

교만하지 말고 자신을 낮추며 양보하고 잘못을 인정할 줄 알아야 한다.

남의 탓으로 돌리지 말고 자기 탓으로 돌려야 한다. 나보다 상대를 배려할 줄 아는 마음을 키우고 나라와 가정과 사회에서 건전한 사고를 갖도록 노력하고 나의 육체와 정신건강과 건전한 사고를 갖도록 하며 자신을 잘 관리할 줄 알아야 한다.

자기 자신은 귀하게 생각하면서 남은 천하게 여기며 또 자기 자신은 자랑스럽고 웅장한데 남을 무시하고 멸시하는 것은 안되며, 자기 자신은 힘이 세고 용감한데 상대방은 아주 우습게 생각하는 자는 안 되는 법이다.

겸손은 검보다 강하며 교만은 천설을 떨어뜨린다. 겸손은 자기 자신을 낮추는 게 아니라 도리어 자기를 세우는 것이다. 사회적 지위가 낮다 하여 그 사람의 인격까지 낮은 게 아니다. 오만불손한 태도로 상대를 하찮게 바라볼 게 아니라 항상 자기 자신을 낮출 줄 아는 사람이 된다면 이 세상이 아름다운 동산이 될 것이며 만복의 꽃이 항상 피우게 될 것이다.

옛말에 굴기자는 능처중이요, 호승자는 필우적(屈己者 能處重, 好勝者 必遇適)이라는 말이 있다. 자기 자신을 넙죽 낮추고 순종하면 좋은 직위에 오를 수 있으며(出世), 다른 사람을 이기려고 하면 반드시 적이 생기고 친구 관계나 직장 생활에서의 관계가 좋지 않아진다는 것이다. 항상 자기 자신을 낮추고 남을 존중하면 반드시 좋은 결과가 온다는 것을 알아야 한다.

6. 호랑이보다 무서운 사람의 마음

'세 마리 호랑이의 입은 두렵지 않으나 사람의 마음이 두 가지일까 염려

된다'고 했다. 이 말은 〈명심보감〉언어 편에 나오는 구절로 사람을 만나서 조금만 말해야지 속마음까지 털어놓아서는 안 된다는 뜻이다. 아무리 친한 사이라 하더라도 속마음이나 비밀을 다 털어놓아서는 후회할 날이 있게 되어 그 해를 당함은 입이 세 개 달린 호랑이보다 무섭다는 말이다.

조선 영조 시대의 일이다. 황인검이 과거 공부를 위해 어느 절에 있을 때 한 젊은 스님과 친하게 지냈다. 젊은 스님은 밤낮으로 황인검의 수발을 들어주고, 때로는 맛있는 별미를 구해다 주는 등 정성이 지극하였다. 그러다 황인검이 과거에 급제하여 벼슬길에 오르느라 그 스님과 연락이 끊어지고 말았다. 몇십 년 후 경상도 관찰사가 되어 관내를 순찰하던 황인검이 우연히 그 스님을 만났다.

너무 반가워 가마에 태워 감영으로 돌아와 한방에서 자며 지난 이야기 끝에 말했다.

"그때 스님께서는 저에게 정말 잘 해주셨습니다. 제가 조금이나마 보답하고자 하니, 소청이 있으면 말씀해주십시오."

한참 망설이던 그 스님이 무겁게 입을 열었다.

"다른 소청은 없사오나 꼭 말씀드리고 청할 일이 있습니다. 제가 젊은 시절 한때의 욕정을 이기지 못하고 한 소복 여인을 범하는 죄를 지었습니다. 그 여인은 저에게 능욕을 당하고 그만 자결하고 말았습니다. 저는 그 죄를 씻고자 입산하여 중이 된 것입니다. 이제 많은 세월이 흘렀으나 아직도 그 죄책감을 지워버릴 수가 없습니다."

황인검은 그 말을 듣고 한동안 깊이 생각하다가 입을 열었다.

"스님과 저 사이의 사정으로 보면 마땅히 용서해야 하겠지만, 지금은 제가 이 지방의 감사이니 국법을 어긴 죄인을 용서할 수가 없습니다. 부디 이런 제 마음을 살펴주십시오."

이튿날 황인검은 사형을 집행하고 후히 장례를 치러주었다.

결국은 사람을 만나거든 10분의 3만 말하되 한 마디라도 내 마음속에 있는 것을 다 말하지 말 것이며 호랑이가 세 번 입을 벌리는 것을 두려워하지 말고 오직 사람의 두 마음이 변할까를 두려워하라고 했다. 그만큼 인간은 믿을 수 없다는 뜻이다. 한 치 앞을 내다볼 수 없는 것이 사람이니 정말 경계하고 경계할 필요가 있다.

7. 상대를 존중하면 내가 대우받는다

만약 남이 나를 중요하게 생각한다면, 나도 남을 소중히 여기고 중요하게 생각해야 하는 건 어쩔 수 없는 일이다.

전국시대 조(趙)나라에 인상여란 어진 재상이 있었다. 조나라에는 세상에 둘도 없는 '화씨벽'이란 보배가 있었는데, 이를 욕심 낸 강대국 진나라에서 성(城) 열다섯과 바꾸자는 제의를 했다. 말은 바꾸자는 것이지만 사실은 그 구슬을 주지 않으면 좋지 못하다는 위협이나 다름이 없었다.

조(趙)나라 왕이 어떻게 할 것인지 걱정하자 인상여는 자신이 구슬을 가지고 사신으로 가서 이 일을 잘 처리하겠다고 나섰다.

"진나라에서 성(城)과 바꾸자는 명분인데, 우리가 이를 의심해서 응하지 않으면 잘못이 우리에게 있지만, 우리가 구슬을 주는데도 성(城)을 주지 않는다면 잘못이 저들에게 있게 됩니다. 신이 구슬을 가지고 가겠습니다."

진나라에서는 사실 구슬만 받고 성(城)을 줄 생각을 하지 않았다. 인상여는 속임수로 잠깐 그 구슬을 돌려받아 몰래 사람을 시켜 본국으로 보낸 후 자신은 태연히 그곳에 남아 있었다. 나중에야 속은 줄 알게 된 진나라 왕은 분했지만, 잘못이 자기들에게 있음을 아는 터라 인상여를 해치지 못하고 돌려보낼 수밖에 없었다.

조(趙)나라에서는 인상여의 공로를 치하하여 상경으로 삼으니, 지위가 이제까지 가장 높던 염파 장군보다 높게 되었다. 그래서 염파는 인상여를 만나면 혼을 내주겠다고 공공연히 떠들어댔다.

이런 말을 전해 들은 인상여는 병을 핑계로 염파와 함께 조회에 참석하는 것을 피하고, 길을 가다가도 멀리서 염파가 오는 것을 보면 미리 피하였다. 이를 본 인상여의 하인들이 물었다.

"벼슬이나 공로 면에서 염 장군보다도 높은데 무엇이 무서워 피하십니까? 부끄러운 줄을 아셔야 합니다."

그러자 인상여는 빙그레 웃으며 말하였다.

"너희는 내가 염 장군을 무서워서 피한다고 생각하느냐? 진나라 왕의 그 위엄에도 꼼짝하지 않고 꾸짖는 나다."

"그렇다면 왜 피하십니까?"

"생각해 보아라. 저 강한 진나라가 군사를 내 우리나라를 치지 못한 이유가 무엇이겠느냐? 염 장군과 내가 있기 때문이다. 그런데 두 마리 호랑이가 서로 으르렁거리며 싸우면 둘 다 살아남지 못하게 될 것이고, 그렇게 되면 우리 조(趙)나라는 하루아침에 진나라의 차지가 된다. 이런 소식이 염파에게 전해지지 않을 리 없다."

염파는 자신의 좁은 소견이 부끄러워 매를 한 묶음 지고 인상여를 찾아가 사죄했다.

"큰 뜻을 몰라보고 무례하게 대한 것을 용서해주시고, 이 매로 나를 깨우쳐주시오."

이렇게 두 사람은 마침내 죽음을 함께하기로 약속하니, 이를 문경지교(刎頸之交)라 한다.

우리는 좀처럼 남을 존중하지 않는다. 내가 대우를 받으려면 마음을 비우고 어디에서든 자신을 낮추고 상대방을 먼저 존중해주어야 할 것이다.

귀로는 친구를 얻는다

상대방의 말을 무조건 들어준다는 것은 힘든 일이다. 하지만 들어줄 것
같으면 들어주어야 한다. 옛말에 입으로는 친구를 잃고, 귀로는 친구를
얻는다 하였다. 그만큼 소통은 중요한 것이다.

1. 나를 낮추고 마음을 열어라

감사한 마음은 자신을 낮추고 상대방을 존중하며 화내는 일, 즐거운 일들
이 함께 담겨 있다. 잠자리에 들기 전에 조용히 지난 하루를 뒤돌아보라. 무
슨 일로 화가 났고, 무엇 때문에 기분이 나빴고 슬펐는가? 혹은 자신이 부
족한 부분을 남의 탓으로 돌리며 불평불만을 털어놓았던 적이 없었는지 스
스로 반성해 보라.

오늘도 누군가에게 감사함을 느꼈던 적은 없었는지 생각해 보자. 그리고
마음을 열고 끝없이 자신을 낮추라. 마음이 열리는 사람 곁에는 누구든 머
무르기를 좋아한다. 지나치게 주관이 강하고 마음이 굳어있고 닫혀있는 사

람 곁을 떠나는 것은 인지상정이다.

다른 이의 이야기에 귀를 기울이고 항상 열린 마음으로 사람을 대하면 그 사람 옆에 가까이 있고 싶어 하는 것은 분명하다. 다른 이의 말을 들어주고, 받아주는 사람은 분명 겸손한 사람일 것이다. 무엇인가 주려고 하지 않아도 마음을 열면 얼음도 녹으며 벽도 울타리도 없어진다.

들판에 핀 꽃들은 모양과 냄새가 달라도 서로 싸우지 않고 부둥켜안고 살아간다. 열린 마음은 자유분방한 마음이다. 열린 마음은 강해서 상대를 감싸준다. 자리다툼도 하지 않고 시비도 없다.

나를 낮추고 마음을 열어보자. 진정으로 강해지려면, 그리고 구속 받지 않은 자유인이 되려면 마음을 열고 끝없이, 한없이, 아낌없이 자신을 낮추고 음악을 들어라. 음악은 인간의 언어 속에서 흘러나온 것이다.

〈악기(樂記)〉에 보면 '군자는 음란한 음악이나 색(色)을 마음에 남겨 두지 않고 몸과 마음을 깨끗하게 지녀 의로운 일을 행해야 한다'고 했다. 음란한 음악은 총명을 해친다. 남의 말소리도 음악도 최고의 자제력을 갖고 들어줄 줄 알아야 할 것이다.

2. 경계할 수 있거든 경계하라

매사에 조심하고, 경계하며 인내하라. 쉽사리 움직이지 않는 부동의 사자와 같이 두려움과 크나큰 공포를 이겨내기보다는 자신이 당당하게 대응할 수 있는 조건과 상황을 만들어야 한다. 자신의 원칙 아래에서 겸손한 태도로 움직이며, 아무 변명 없이 남을 편하게 인정하고 경계할 것은 분명 경계해야 한다.

참을 수 있거든 참을 것이요, 경계할 수 있거든 경계하라는 말이 있다. 인간은 매사에 조심해야 한다. 참지 못하고 경계하지 못하면 작은 일이 커진다.

진성여왕은 신라의 51대 여왕이다. 성은 김이요, 휘는 만(曼), 또는 원(垣)으로, 삼국사기에 의하면 황음하여 유모의 남편과 불륜 관계에 있었지만 '남혜화 상탑비'에 의하면 성군이었다고 한다. 각간 위홍과의 사이에서 양패 등의 아들을 두었다.

진성여왕은 행실이 좋지 못하고 음란하기 그지없었다. 색욕에 빠져 정치는 어지러워지고 나랏일은 제대로 돌보려 하지 않았다.

그러자 여왕과 관계를 맺은 정부들과 여왕에게 아첨하는 간신배 무리가 나라의 권력을 장악하여 상벌이 마음대로 이루어지고 뇌물이 난무하고 관직을 매수하는 등 조정의 기강이 무너지기 시작했다.

이렇듯 여왕의 심한 낭비와 사치와 색욕으로 국고가 텅텅 비자 지방의 호족들을 닦달하여 세금 납세를 독촉했다. 왕실과 조정의 권위가 떨어지는 것은 당연했다. 그러자 민심은 흉해지고 민란과 도적이 사방에서 숱하게 일어났다. 그 틈을 이용해 지방 관료들은 독자적 세력을 키우는 데 온 힘을 쏟았다. 조정에서는 그들을 도적이라 불렀고 군인들을 파견해 진압하려 했으나 실패하고 말았다.

그 뒤 조정의 통치력은 수도인 서라벌 주변에 한정될 정도로 급격히 쇠락하여 지방 관료들은 서로 간에 힘겨루기 양상을 보였다. 치열한 싸움 끝에 살아남은 견훤과 궁예가 각자 나라를 세우며 후삼국시대의 서막이 열었다.

나라가 불안해지자 진성여왕은 최치원을 아찬으로 임명하고 최치원의 조언으로 조정을 쇄신하고자 애썼으나 여왕은 병마에 시달렸다. 결국 당나라 사신으로 보낸 막내아들 양패(良貝)에게 왕위를 물려주지 못하고 오빠인 헌강왕의 서자에게 왕위를 물려주게 된다. 그 뒤 진성여왕은 음력 12월에 죽음을 맞이했다. 각간 위홍과 대구 화상에게 명하여 삼대목을 편찬하게 되었으나 자세한 내용은 지금까지 전하지 않고 있다.

3. 물보다 부드러운 것이 없고, 물보다 강한 것도 없다

우리는 물에서 변화의 흐름과 유연성을 배울 수 있다. 물은 어느 그릇에든 들어간다. 물처럼 다가오는 상황에 맞게 자신의 철학을 가져야 나를 개발하고 꾸준히 변화를 주며 새로운 시대의 조류에 적응할 수 있다. 물이 바다가 되는 이유는 낮은 곳으로 흘러가기 때문이다. 자기 자신을 낮출 수 있기에 가능한 일이다.

또한, 물에서 겸손함을 배울 수 있다. 자신의 공을 자랑하지 않는 물은 높은 곳에서 낮은 곳으로 흐르는 피고처하(避高處下)이기 때문이다.

물은 상황을 정확히 파악하고 결정하며 흐를 때인지 멈출 때인지 알고 웅덩이에서는 쉰다. 물에서 판단력을 배울 수 있는 부분이다. 유약승강강(柔弱勝强剛)이라, '물은 바위를 뚫는 힘이 있으며, 바다를 만나면 돌아갈 줄 아는 강자의 여유가 있다'는 뜻이다. 물의 포용력을 배울 수 있는 부분이다.

상선약수(上善若水)라, 가장 선한 것은 물과 같은 것이라 했다. 만물에 베푼다는 뜻이다. 어려운 일이 있더라도 물은 상선(上善)이기에 모든 것을 성취한다는 것을 잊지 말아야 한다. 특히 지도자에게는 이러한 덕목이 더욱 중요하다. 세상에 물보다 더 부드러운 것이 없고 물보다 강한 것도 없다.

4. 손해가 이익이 되기도 한다

중국 주나라 때 임금이 만든 유좌(有座) 이야기는 물이 가득 차면 엎어지고 물이 비게 되면 기울어지고 적당히 채워져 있을 때는 반듯하게 된다고 하는 그릇에 대한 이야기다. 열자(列子)는 사람은 직위가 높을수록 투기의 대상이 되며, 벼슬이 무거울수록 경계의 대상이 되며, 녹을 많이 받을수록 세상사에 원망의 대상이 되기 쉽다고 하였다.

지나친 것은 오히려 모자란 만 못하고, 절제 없는 과분한 욕심은 화를 불러온다. 〈주역〉에서는 보태려고만 하는 데에 손해가 생기고 스스로 털어내려고 하면 오히려 이익이 된다고 했다. 노자의 〈도덕경〉에 보면 세상 모든 것은 손해가 이익이 되기도 하고 이익이 손해가 되기도 한다고 가르친다. 양보 없는 세상에 지혜가 필요할 때이다.

〈명심보감〉 치정 편에 나오는 〈동훈몽〉은 송나라 때 여본중이 어린아이들을 가르치기 위해 지은 책이다. 〈동훈몽〉에 이르기를, 관리된 자가 지켜야 할 법은 오직 세 가지가 있으니 그것은 청렴과 신중과 근면이다. 이 세 가지를 알면 처신할 바를 알 수 있다.

이것은 오늘날 공직자들이 반드시 지켜야 할 세 가지 덕목이다. 처음에 임용된 사람은 무엇보다도 국가의 재산인 물건을 아끼는 것부터 배워야 한다. 결국은 자연스레 겸손이 몸에 배어 큰일을 맡게 되는 것이다. 우리는 지도자가 국가와 국민을 생각하는 덕망 있고 겸손한 사람이기를 소망한다.

공자는 높은 지위에 있게 되면 자산을 낮추어 더욱 겸손하고 소인이 높임을 받으면 세력을 의지해 교만하고 사치스러워진다고 했다. 소인은 보는 것이 짧아서 쉽게 채워지며 군자는 보는 것이 깊어 채워지기 어렵다는 것이다.

비록 병풍이 찢어져 못쓰게 되더라도 뼈대는 남아 있고, 군자는 비록 가난하더라도 예의(禮儀)는 항상 있게 마련이라고 했다. 소인은 속도 좁고 생각과 견해가 짧아서 쉽게 가득 찬다. 하지만 군자는 견해가 크기에 그렇게 하기 어렵다는 것이다.

5. 화내는 것을 경계하라

'새벽에 성내는 것을 경계하라. 성냄이 심하면 기운이 상하게 된다. 생각이 많으면 정신상태가 손상되고, 정신이 피곤하면 마음이 쉬이 부림을 당하고, 기운이 약하면 병이 새로 생긴다. 슬퍼하고 기뻐함을 심하게 하지 말고, 마땅히 음식을 고르게 먹으며 특히 밤에는 술에 취하는 일이 없도록 하며 새벽에 성내는 것을 최우선으로 경계해야 한다.'

〈명심보감〉 정기 편에 나오는 글이다. 도가(道家)의 손진인이 사람의 몸과 마음을 건강하게 해서 벌을 피하고 장수하는 방법을 제시하고 있다. 사람이 살다 보면 화를 내는 경우가 많은데, 심하게 화를 내면 기운이 상하니 성내는 것을 경계하라는 것이다.

예부터 화는 만병의 근원이라 하였다. 오늘날에는 이것이 스트레스 병이 아닌가 싶다. 관직에 있는 사람은 반드시 심하게 성내는 것을 경계해야 하며 먼저 화부터 낸다면 오직 자신을 해롭게 할 뿐이다. 어찌 남을 해롭게 할 수 있겠는가? 지도자는 국민이나 부하에게 군림하려 들지 말고 우선 겸손해야 한다.

6. 입으로는 친구를 잃지만, 귀로는 친구를 얻는다

사람은 누구에게든 간언을 들으면 거룩해지고 성스러워진다. 나무도 먹줄을 맞으면 곧아지고, 땅도 비가 온 후에는 굳어진다.

당 태종이 등극하기 전에 여러 가지 잘못을 저질렀는데 그중에서도 가장 큰 잘못은 형인 태자를 죽인 것이다. 그러나 황제로 즉위하고부터 여러 어진 학자를 많이 등용하고, 그들의 간언을 잘 받아들여 중국 역사상 보기 드문 훌륭한 정치를 이루었다.

하루는 당 태종이 조회를 마치고 나오더니, 분을 참지 못하고서 장손황후에게 말했다.

"내 언젠가는 그놈을 죽이고 말겠소."

깜짝 놀란 황후가 물으니, 바로 위징때문이었다. 위징은 성품이 곧아서 곧잘 태종의 노여움을 불러일으켰다.

"위징 그놈이 조회 때마다 나를 욕하니, 이제 더는 견딜 수가 없소."

이 말을 들은 황후는 정장인 조복으로 갈아입고 뜰에 서서 절을 올렸다.

"나는 지금 화가 나서 견딜 수가 없는데 이게 무슨 짓이요?"

"이보다 더 해야 할 일이 어디 있겠습니까? 들건대 임금이 어질면 신하가 곧다고 하였습니다. 위징이 그처럼 곧은 말을 할 수 있었던 것은 바로 폐하께서 명철하시기 때문입니다. 그러니 제가 어찌 이러지 않을 수 있겠습니까?"

이 말을 들은 당 태종은 기분이 좋아졌고, 이후에도 비위에 거슬리는 말을 하는 신하가 있어도 너그러이 받아들였다고 한다.

한마디로 '남의 단점을 캐지 말고, 남의 잘못 듣기를 좋아하거나 남의 단점을 잘 잡아내서는 안 되며, 남의 과실을 말하지 말아야 한다' 는 뜻이다. 귀로는 남의 잘못을 듣지 않고 눈으로는 남의 단점을 보지 않으며, 입으로는 허물을 말하지 말아야 양반이요, 배운 사람이라 했다.

상대방의 말을 무조건 들어준다는 것은 힘든 일이다. 하지만 들어줄 것 같으면 들어주어야 한다. 옛말에 입으로는 친구를 잃고, 귀로는 친구를 얻는다 하였다. 그만큼 소통은 중요한 것이다.

가득 차면 기운다

사랑이 지나치면 낭비도 심해지고, 명예가 지나치면 비방도 심해지며, 기쁨이 가득 차면 근심도 많아지고, 욕심이 지나치면 크게 망한다. 넘치는 것은 부족한 것만 못하다.

1. 탐욕은 화를 부른다

탐욕의 사전적 의미는 '사물을 지나치게 탐하여 결코 만족할 줄 모르는 끝없는 욕심'이다. 이 탐욕은 욕망과 구분해서 표현한다. 탐욕은 물질에 대한 지나친 욕심이기에 그 욕심의 대상이 보다 구체적이고 객관적이다.

탐욕은 화를 부른다고 했다. 과욕도 이와 유사하다. 과욕은 어떤 일이나 사물에 대한 지나친 욕심이다. 일을 진행하는 데 차질이 생기지 않으려면 지나친 과욕을 버려야 한다. 경계에 견주어 보면 과욕을 부릴 게 아니라 현재는 내실을 충실히 다져야 할 때이다. 재벌 기업의 과욕은 어떤 형태로든 제어해야 하며, 이를 슬기롭게 극복해야 한다.

쓸데없는 생각은 정신을 상하게 하고 분수에 넘치면 몸이 상하게 된다. 분수에 지나친 망령된 행동은 화를 불러일으키며 그만한 행동의 재앙을 불러온다. 결국 지나친 생각은 정신을 상하게 할 뿐이요, 망령된 행동은 화(禍)를 이르게 하는 것이다.

현실을 고려치 않은 생각과 행동은 자신의 몸만 망치게 된다는 것을 알아야 한다. 로맨스 중독자들은 성숙한 관계를 맺으려 하지 않는다. 그들은 단지 로맨스를 원할 뿐, 한 사람과 사랑에 빠지는 환상을 경험할 줄 모른다.

그들 자신의 환상을 실현해 줄 사람과 잠깐 관계를 맺을지 모르지만, 그들이 관심 있는 것은 로맨스 그 자체일 뿐, 그들이 맺고 있는 관계가 아니다. 그들에게 가장 중요한 것은 로맨스에 대한 욕구를 충족시키는 것이다.

세상을 살면서 다가오는 미래에 대한 지나친 걱정을 먼저 한다는 것은 아직 눈앞에 오지도 않았는데 그 어려움에 대해 미리 마음을 쓰는 일이다. 그렇다고 걱정이 해결되는 것은 아니다. 그것은 역으로 파괴적이다. 우리는 지나치게 미래를 걱정하는 습관이 몸에 밴듯한데 그럴 필요가 없다.

조선 시대 영조의 아들인 사도세자는 어려서 매우 총명하여 많은 귀여움을 받으며 자랐다. 그런데 세자로 책봉이 되고, 나중에는 나이 많은 영조를 대리하여 국사를 처리하게 되면서부터 부왕과 사이가 벌어지게 되었다. 부왕이 자기를 좋아하지 않는다는 생각이 항상 뇌리에서 떠나지 않았다. 부왕을 만나는 것이 두려워지고 매사에 자신이 없어졌다.

나중에는 영조 모르게 자주 궁 밖을 나다니면서 이상한 짓을 많이 해 가짜 사도세자 행세를 하는 사람까지 생기게 되었다. 평양에서 기생을 만나고 온 사건이 있으면서부터 영조의 눈밖에 났고, 사도세자는 아버지 영조의 비위를 건드리는 경거망동을 하다가 결국은 뒤주에 갇혀 비참한 최후를 마쳤다.

이처럼 지나친 행동은 사람을 죽음으로 몰고갈 수도 있음을 알아야 한다.

2. 해가 지도록 분을 품지 말라

분노의 불을 다스리라는 말이 있다. 마음의 화를 끄지 못하면 화마가 생긴다. 마음을 품게 하여 멸망으로 끌고 가는 것이다. 화가 날 때는 죄를 짓지 말고 화를 풀어야 한다. 성경의 에베소서(4:26-27)를 보면 '분(忿)을 내어도 죄를 짓지 말며 해가 지도록 분을 품지 말고 마귀로 틈을 타지 못하게 하라' 고 했다.

어떻게 하면 화를 다스릴 수 있을까? 평소에 준비된 영으로 기도하여 마음을 지키는 훈련을 하여야 하며 마음이 종욕에 끌려 종노릇을 하면 내 마음대로 생각하게 되어 불평, 원망, 분노에 사로잡힌다.

분노는 어디에서 시작되었으며 분노를 지혜롭게 다스리는 법은 뭘까? 창조주 하나님께서는 에덴동산에서 죄를 짓고 숨어 있는 아담을 부르며 "네가 어디 있느냐?"라고 물었다. 그 범죄한 순간부터 분노의 감정을 나타냈다고 한다.

또 구약의 역사를 보면 하나님께서 자기 백성의 죄악에 대해 진노하신 사례가 여러 번 나온다. 하나님의 분노는 인간의 죄악과 깊은 관련이 있다. 사람들의 화도 마찬가지일 것이다.

직장에서 사람들을 화나게 하는 요인들이 많다. 상사가 고집을 피우고 나를 무시할 때, 계획한 일이 안될 때, 약속된 날에 돈을 주지 않고 핑계 댈 때, 제때에 맞추어야 할 때 스트레스가 쌓인다. 각자 화를 자극하는 요인은 서로 다르지만, 그로 인해 생기는 분노는 엄청나게 크다.

그 일들이 내 안에 있는 화를 자극해서 생기는 일이다. 전문가들은 화를 잘 내는 사람은 20%, 화를 안 내고 부드러운 사람 20%, 나머지 사람들은 중간에 속한다고 한다. 직장에서 특히 감정조절에 신경 써야 한다. 성경에서는 분노를 지혜롭게 다스리기 위해서는 기본적으로 화를 내지 말라고 했다. 하지만 쉽지 않은 일이다.

화가 날 때는 자연스레 화를 내버리는 것이 좋다는 사람도 있다. 이것은 분노를 더 심하게 만들며 육체질환까지 영향을 미칠 수가 있다. 화를 참는 것은 운전 중에 고속으로 달리는 것과 마찬가지이다.

화가 나는 대로 분출해서는 안 되지만 감추거나 피하는 것 역시 좋지 않다. 화를 자제하면서도 감추지 말고 그 사실을 다른 이에게 알려야 한다. 다른 사람에게 도움을 청할 수도 있다. 우리 안에 있는 분노는 일종의 오염물질이나 쓰레기와 같은 감정이다. 화를 내게 한 사람에게 생각하게 함으로써 그에게 관심을 갖고, 결국에는 사랑해야 할 것이다.

3. 기쁨이 가득 차면 근심도 많아진다

아버지 마음에 근심이 없는 것은 자식의 효도 때문이고, 남편 마음에 번뇌가 없는 것은 아내가 어질기 때문이고, 말(言)실수는 모두 술 때문이며, 의리가 끊어지고 친한 사이가 멀어지는 것은 돈 때문이라 했다. 요즘 세상은 오직 욕심과 탐욕과 분노와 거짓으로 물들었다고 해도 과언이 아니다.

조금만 더 생각해 보고 한 번만 더 자신을 억누른다면 세상 살기가 편할

텐데 수단과 방법을 가리지 않고 오직 자기 배만 채우기 위해 사는 사람들이 있다. 태어나서 한 번 사는 인생인데, 우리는 삶의 목표를 어디에 세워야 할까? 세상 누구든 서로 아끼고 사랑하며 행복하게 살아갔으면 한다. 하루의 마음이 깨끗하고 한가로우면 신선과 같다고 했다. 알면서도 실천하지 못하는 게 인간이라는 사실에 참으로 답답하기만 하다.

사랑이 지나치면 낭비도 심해지고, 명예가 지나치면 비방도 심해지며, 기쁨이 가득 차면 근심도 많아지고, 욕심이 지나치면 크게 망한다. 넘치는 것은 부족한 것만 못하다.

자기 자신을 지키지 못하고 사리사욕만 챙긴다면 죽음을 면할 수 없으니 잘 될 때 멈출 줄 알아야 한다. 무엇이든 욕심이 과하면 죽는 법이다.

4. 사랑받고 있을 때 조심해야 한다

좋은 것도 지나치면 독이 된다. 〈명심보감〉에 이르기를, 이익이 있으면 반드시 손해가 따르고 손해를 보면 바로 이익이 따른다 했다. 〈경행록〉에 이르기를, 부귀영화를 누린 후에는 반드시 무리가 따르니, 사랑을 받고 있을 때에 늘 조심해야 한다는 뜻이다.

〈논어〉 위령 편에 이르기를, 인무원려 필유근우(人舞遠慮 必有近憂)라, 멀리 보지 못하고 깊이 생각하지 않으면 가까운 시일 내에 반드시 근심, 걱정이 온다는 뜻이다. 따라서 위태로움을 항상 잊지 말아야 한다.

영화로움이 가벼우면 욕을 적게 먹고, 이익이 중하면 해가 깊다는 말이 있다. 부귀영화는 끝이 있게 마련이다. 공을 세워 부귀를 이루었으면 지혜롭게 물러날 줄을 알아야 한다.

한 고조(漢高祖)를 도와 공을 세워 공신이 된 사람 가운데 한신과 장량이 있다. 한신은 회음후(淮陰侯)에 봉해져 갖은 영화를 다 누리면서도 만족할 줄을 모르고 경박한 무리들과 교통하면서 더 많은 것을 바라더니 결국 반역 죄로 처형되었다.

그러나 유후(留侯)에 봉해진 장량은 지위가 높아지자 언제 물러날 것인지 생각하다 신선(神仙)이 되겠다는 핑계로 권좌에서 물러나 천수를 다할 수 있었다. 적수는 조용히 항상 이익 뒤에 숨어 있다는 사실을 아는 삶의 지혜가 필요하다.

5. 간드러진 웃음으로 내 마음을 홀리지 말라

사람들은 흔히 꼬리를 조심하라고 한다. 이것은 사람을 홀리거나 유혹하지 말라는 의미이다. 이성을 유혹할 때도 눈웃음치며 홀리게 한다. 사람들은 흔히 '저 사람이 나를 유혹했다', '술이 나를 취하게 했다'고들 하는데, 이것은 다 틀린 말이다. 술이 나를 취하게 한 것이 아니라 내가 나 자신을 술에 빠지게 한 것이다. 상대방이 나를 유혹한 게 아니라 내가 상대방에게 유혹을 당하게 한 것이다.

간드러진 웃음으로 내 마음을 홀리지 마라. 살랑살랑 부는 바람아, 내 치맛자락을 스치지 마라. 유혹에 젖은 눈빛은 자신을 슬프고 멍들게 하며 당신의 부드럽고 가냘픈 손짓들은 내 육신과 영혼을 송두리째 뽑아가게 되나니, 이 자리, 이곳에 머물러 유혹에 빠지지 말고, 중심을 잡고 보다 먼 곳을 바라보라.

요즘은 의식이 개방되어 있어 성(性)에 대한 사고가 관대해지는 듯하다. 성경에서 다음과 같이 말했다. 문란한 여자에게서 그대를 멀리하게 하고, 자기 마음대로인 여인의 홀리는 말에 넘어가지 않는다. 여성미에 색욕을 품지 말고 유혹의 눈꼬리에 사로잡히지 마라.

창녀를 찾는 자는 가난하게 되고, 간음하는 여인은 바로 당신의 생명을 앗아간다. 간통하는 것은 판단력이 없는 자이며 간음하는 자는 누구든지 자신을 망친다. 날벼락과 망신은 피할 길이 없고, 씻을 수 없는 수치를 당한다. 질투심이 그 남편의 분노를 더 거세게 해 가차 없이 복수할 것이다. 남의 부인과 동침하는 자도 벌을 면치 못한다.

사람은 얼마든지 자신의 겉모습을 포장해 누군가를 홀리게 할 수 있다. 하지만 우리는 겉포장에 말려들지 말아야 한다. 고위 공직자들이 부적절한 관계에 말려들어 패가망신한 사례가 얼마나 많은가?

사람은 무릇 어떠한 유혹에도 흔들리지 않고 사람으로 해야 할 도리를 다하며 죽음 앞에서도 명분과 의리를 지켜야 할 것이다.

6. 부부가 참지 않으면 자식은 고아가 된다

인일시지분 면백일지우(忍一時之忿 免百日之憂)라, '한때의 분함을 참으면 백 일의 근심을 멸한다', 즉, 참는 것이 곧 득이 된다는 말이다. 살아가는 동안 누구나 근심이 없을 수는 없다. 하지만 근심을 빨리 벗어나는 것이 좋다.

손해를 봤을 때, 손실을 회복하려고 너무 애쓰지 말아야 한다. 도박꾼이 도박으로 잃은 돈을 찾으려다가 더 큰 손해를 보는 것처럼 점점 회복하기 어려운 구덩이로 빠지게 되는 것이다.

하나의 손실은 하나로 끝내야 현명하다. 만약 근심, 분함, 원망 등의 마음이 떠나지 않는다면 가슴에 손을 얹고 자신에게 질문해 보라. 과연 그만한 가치가 있는 일인가? 마음을 오래 쓸 만한 가치가 있는 일인가?

'근심하고 원망한다 해서 좋은 상태가 오는 것은 아니다. 누구든지 편안하고 평화로운 생활을 원한다. 그러기 위해서는 근심과 분노의 감정에서 빨리 벗어나야 한다. 귀중한 오늘과 내일을 그것으로 해서 더럽히지 말아야 하기 때문이다' (출처-온누리)

〈명심보감〉 성심 편 〈익지서〉에 이런 말이 나온다.

'흰 옥을 진흙 속에 던져도 그 빛을 잃지 않고 대장부는 혼탁(混濁)한 곳에 갈지라도 그 마음을 어지럽힐 수 없느니라. 그러므로 송백은 상설(霜雪)을 견디어 내고 밝은 지혜는 위난(危難)을 능히 견뎌 내느니라'

특히 공직자는 절대로 뇌물의 유혹에 빠지면 안 된다. 청렴하고 깨끗하게 현재의 자리를 견딘다면 분명 좋은 날이 올 것이다.

자장이 공자께 물었다.

"참지 않으면 어떻게 됩니까?"

그러자 공자께서 이렇게 말씀하셨다.

"천자가 참지 않으면 나라가 텅 비고, 제후가 참지 않으면 그 몸을 망치고, 관리가 참지 않으면 형법에 따라 죽고, 형제가 참지 않으면 각기 따로 살게 되며, 부부가 참지 않으면 자식은 고아가 되고, 붕우가 참지 않으면 정이 성글어지고, 자신을 참지 않으면 환난이 없어지지 않는다"

참고 견딘다는 것, 인내가 수신의 근본임을 새삼 되새기게 한다.

7. 한번 쓴 사람은 의심하지 말라

배중사영(杯中蛇影)은 '잔 속에 비친 뱀의 그림자' 라는 뜻으로 '아무것도 아닌 일에 괜히 의심하고 쓸데없는 걱정을 한다' 는 말이다.

하남의 현령인 악광이 친한 친구가 오랫동안 찾아오지 않아서 그 까닭을 물었다. 그랬더니 친구가 이렇게 말했다.

"사실 얼마 전에 자네 집에서 술을 많이 마셨네. 그때 이후로 몸이 굉장히 좋지 않았어."

악광은 자신과 같이 술 한 잔을 한 후에 앓아누워 있다는 것이 아무래도 이상했다. 그때 문에 반사된 활의 그림자가 뱀처럼 비쳤다.

'저것 때문이로구나.'

악광은 술상을 보게 하고 사람을 보내 친구를 억지로 데려왔다.

"자, 한잔하세."

"아이고 나는 마시지 않겠네."

"술잔을 보게. 잔 속에 뱀이 있지 않나? 지난번 자네가 본 것과 같을 걸세. 이건 뱀이 아니고 활 그림자라네."

그 말을 들은 친구는 의심이 풀리고 병도 씻은 듯이 나았다고 한다. 예로부터 의심스러운 사람은 쓰지 말고, 한번 쓴 사람은 의심하지 말라 했다.

춘추 때 제나라 양공이 무도하자 포숙아는 공자 소백을 받들어 다른 나라로 망명하고 무지(無知)란 자가 양공을 시해(弑害)했다. 관중과 소홀은 공자

규(糾)를 받들고 노나라로 망명하여 노나라 힘을 빌려 제나라 임금이 되고
자 하였다. 그래서 소백과 규가 치열한 쟁탈전을 벌이게 되었는데 이때 싸
움에서 관중이 공자 소백을 쏘아 하마터면 죽을 뻔하였다.

결국 소백이 규를 죽이고 제나라 임금이 되니 이가 환공(桓公)이다. 환공
이 즉위하자 그동안 공을 세운 포숙아는 자기의 친구이며 환공에게 죄를 지
은 관중을 재상으로 삼으라고 권했다. 환공은 자기를 헤치려던 유감을 씻고
포숙아의 말대로 관중을 재상에 등용했다. 그 후에도 환공은 주변에서 관중
을 모함하는 갖가지 말들을 물리치고 끝까지 관중의 말을 따랐다. 환공은
마침내 제후들 가운데 패자(覇者)가 된다.

이렇듯 사람은 의심하면 절대로 쓰지를 말고 한번 쓰면 의심하지 말아야
한다. 최초에 선별을 잘해야 한다. '인사가 만사'라 하지 않았던가.

8. 얻고 난 후에는 잃을까봐 걱정한다

'얻기 전에는 얻으려고 걱정하고, 얻은 후에는 잃을까 봐 걱정한다'
환득환실(患得患失)이란 부귀와 권세에 대한 탐욕을 일컫는 말이다. 인류
는 역사 이래 사회 비리 제거와 질서 유지를 위해 '법'과 '붓'이라는 두 가
지 수단으로 제재를 가해왔다. 법의 제제를 '법주'라 일컫고 붓의 제재를
'필주'라 일컫는다.

법주는 법이 미칠 수 있는 데까지만 처벌할 수 있지만, 필주는 당사자가
아무리 거부한다 해도 이를 벗어날 수 없다. 역사가 존재하는 한 영원한 죄
인으로 남아 있어야 하니 모골이 송연한 처벌이다.

영예로운 명성은 백 세를 흐른다고 해서 유방백세(流芳百世)라 하고, 추악한 지탄은 만년에 전한다 하여 유취만년(遺臭萬年)이라 했다. 〈조선왕조실록〉에 전해지는 다음의 내용은 서릿발 같은 필주를 실감하게 한다.

　명종 10년 7월 23일, 병조판서 정모가 신병을 이유로 사직했으나 윤허 되지 않았다. 환득의 마음은 대단하고 겸허한 마음은 없음에도, 공론이 용인하지 않아 어쩔 수 없이 사직하려 했으니 그 마음은 성실하지 못했다. 일생 탐학을 일삼았고, 병권의 중요한 자리에 걸맞지 않게 인사에 정실을 개입시켰으며 권귀의 지시에 따라 인사에 혼란을 빚었으니 여론이 들끓고 대간이 상소하기에 이르렀다.

　"아침에 임명했다가 저녁에 교체시키고, 이 사람을 공박하고 저 사람을 제거하여 10일 사이에 난맥을 이루었으니, 관리들의 일손이 뜨고 공무가 정체되었음은 실로 이 때문이다. 아! 자신의 능력은 생각하지 않고 분수에 넘치게 권세를 차지했으면 일찍이 물러났어야 함에도 여론이 분분해서야 비로소 마지못해 사의를 표하고 그대로 그 직에 눌러앉아 있으니 매우 수치를 모르는 사람이다."

　그리고 이렇게 논했다.

　"정모는 비록 시문이 화려하다는 명성은 있으나 본래 수양이 되지 않아 가정에서는 패려한 일이 많았고 공무에는 탐학스러운 일에만 힘을 기울여 마침내 큰 부를 이루니 장사치와 다름이 없다. 대장부는 어떠한 유혹 앞에서도 흔들리지 않으며 사람으로서 지켜야 할 도리를 다하고 죽음을 무릅쓰고라도 그 명분과 의리를 지킬 수 있어야 함에도 권세가에 드나들며 비굴하게 아부하였다. 여론에 용납되지 않았으나 마침내는 권귀의 힘으로 종1품의 지위까지 올랐으니, 이는 품위의 손상이요, 국가의 수치라 아니할 수 없다."

사신의 논평에 나오는 '환득'은 본래 〈논어〉 양화 편에 나오는 말이다.

"비루한 자와 함께 임금을 섬길 수 있겠는가? 얻지 못할 때는 얻을 것을 걱정했고, 얻으면 이를 잃을까 걱정한다. 잃을 것을 걱정하게 되면 마침내는 못할 짓이 없을 것이다."

〈진서〉 악광전에 나오는 이 말은 한번 의심하면 아무렇지 않은 일도 신경을 건드려 쓸데없는 생각과 걱정을 하게 되어 병이 온다는 이야기이다. 걱정과 의심, 스트레스는 만병의 근원이고 건강을 해친다. 계속되는 의심과 쓸데없는 걱정은 삶을 피폐하게 하고 결국 파멸의 길로 이끈다는 것을 명심해야 한다.

9. 가득 차면 기운다

"가득 차면 덜리고, 겸손하면 이익을 얻는다."

〈서경〉 대우모 편에 나오는 말이다.

임치종은 구한말 전국을 주름잡던 큰 부자였다. 그의 조상은 대대로 의주에 살았는데 집이 매우 가난하여 어려서부터 남의 집 가게의 점원으로 들어가 장사 수단을 배웠다. 40세에 비로소 자신의 가게를 낸 임치종은 밤낮을 가리지 않고 전국을 누볐다. 중국과 우리나라를 왕래하는 사신의 행차가 있을 때면 책문에 나가 물건을 팔았고 몇 년 사이에 큰 부자가 될 수 있었다. 그의 장사 수단은 철저한 신용 위주여서 그가 뗀 어음은 전국 어디서나 통했으며, 나라의 재정이 어려워지자 헌납도 많이 했다. 한때는 곽산 군수를 지내기도 했다.

그러던 어느 날 임치종은 창고에 쌓인 은을 꺼내 멍석에 널었다. 그러자 갑자기 하늘에서 솔개가 날아와 닭 한 마리를 채어 가는 것이 아닌가? 물끄러미 바라보고 있던 임치종은 문득 이런 생각이 스쳤다.

'가득 차면 언젠가는 기우는 것이 세상의 법칙이다. 이제까지 내 재산은 불어나는 일만 있었지 축나는 일이란 없었다. 하찮은 닭 한 마리였지만 이 것은 내 재산을 거두어가겠다는 하늘의 계시가 아닌가?'

생각이 이에 미치자 임치종은 서사를 불러 명령했다.

"내 재산을 정리하여 목록으로 만들게. 그리고 그것을 그동안 나와 함께 장사했던 동료와 가난한 친척, 친구들에게 나누어 줄 명세서를 만들게."

이상하게 여긴 서사가 까닭을 묻자 임치종은 이렇게 말했다.

"내 운이 기울기 시작했는데, 버틴다고 지켜질 재물이 아니네. 자손에게 물려주어도 지키지 못할 재산이라면 멋있게 쓰는 것도 유쾌한 일이 아니겠는가?"

얼마 후 임치종이 죽자 가족들은 고생하며 살아야 했다. 그런데 갑오경장 이후에 나라로부터 많은 돈이 나왔다. 임치종이 죽기 전 궁에 바쳤던 현금 일부를 주인에게 다시 돌려준 것이다.

선택의 결과에 따라 선과 악은 달라진다

인(仁), 의(義), 예(禮), 지(智)의 본연의 성품에 따라 행하면 이로움을
쫓지 않아도 자연히 이롭지 않음이 없으니, 군자의 일을 추구함은 이와
같은 것이다.

1. 욕심을 가늠하는 사람이 만족할 줄 안다

사람은 몸이 약해지면 병에 걸리고, 최고 권력자가 망명하기도 하며, 엄
청난 재산가도 거지 신세가 된다. 재산이 많다 해도 죽으면 가져갈 방법이
없으며, 인물 좋고 몸매가 좋아도 죽으면 가져갈 방법이 없다. 능력이 있어
야 편하게 산다지만 나이가 들어 편안하게 살려면 늙어서도 재물이 있어야
한다.

인간은 다가오는 미래를 불안해한다. 잃어버린 세월을 찾고 싶어 하지만,
붙잡을 방법은 없다. 대궐이 천 칸이라도 내가 들어가서 자는 집은 팔 척이
면 되는 것이고, 기름진 땅이 많아도 하루 두 끼만 먹으면 될 것을, 세상 사

람들은 아등바등 욕심을 부리며 살아간다. 하지만 다 부질없는 짓이다.

인간의 욕심은 끝이 없다. 따라서 욕심을 가늠할 수 있는 사람이 만족할 줄 안다. 아무리 재산이 많아도 돈은 흐르는 법이다. 〈명심보감〉에 나오는 이야기를 보자.

'재산은 이 손에서 저 손으로 간다. 인간의 마음은 뱀 같이 독하다고 감탄하였으며 하늘의 눈으로 볼 때에는 번개가 같이 가는 것을, 작년에 동쪽에서 훔친 물건을 다음날에는 다시 북쪽으로 간 것 같이 정의롭게 벌지 않은 돈은 물에 녹는 눈과 같다 하였다. 예로부터 전해오는 전답은 홍수가 나면 모래와 같으니 만약에 부정으로 모은 돈으로 생계를 유지한다면 마치 아침에 피는 꽃이 저녁에 지는 것이다.'

인간이 독하고 모질게 사는 것을 경계한 글이다. 아무리 치밀한 계획을 세웠다 한들 부정한 돈은 드러나게 마련이다. 속담처럼 자신 외에 아무도 알지 못할 것 같지만 모든 사람이 알게 된다. 이 글에서 하늘의 눈이 마치 수레바퀴처럼 돌아다니는 것을 감시하고 있다. 얼마나 의미심장한 이야기인가?

공수래공수거(空手來空手去), 즉, 빈손으로 왔다가 빈손으로 간다는 것이다. 만족함을 아는 자는 가난하고 천하여도 즐겁고, 만족함을 알지 못하는 자는 부하고 귀하여도 근심한다. 만족의 한계는 자신이 처한 환경에 있지 않고 자신의 마음에 있다. 자신의 마음을 만족하게끔 생각하는 것이 중요하다는 말이다. 작은 행복에도 감사하고 그 행복에 만족할 줄 알면 즐거울 것이요, 지나친 욕심에 집착하면 늘 근심에서 헤어나올 수 없다. 우리는 항상 현재를 즐겁게 누려야 한다. 그리고 욕심을 부리지 말고 내가 가진 것에 만족하는 것이 좋다. 이것이 장수의 비결임을 알아야 한다.

2. 무절제한 탐욕은 파멸로 이끈다

　탐욕이 많은 사람치고 뒤끝이 깨끗한 사람은 없다. 탐욕이 없는 사람은 매우 드물다. 불교에서 10악(惡) 중 하나로 자신이 좋아하는 대상을 갖고 싶어 하고, 구하는 마음을 꼽는다. 우리 주변에는 매우 심하게 욕심을 부리는 사람이 너무 많다.

　어느 문화권에서나 사람을 야성이나 탐욕 등을 상징하는 동물로 여기는 건 아니다. 내전에 희생된 사람들의 뼈를 묻고 그들의 혼을 달래기도 전에 복구공사를 따내려는 참전국들의 탐욕이 정도가 너무 심했다.

　탐욕에 찬 사람은 결국 자신들의 크나큰 욕심 때문에 파멸한다. 우리의 역사는 어리석음과 무능, 편견과 탐욕으로 어우러져 있고 엮어져 있다. 재물에 대한 무절제한 탐욕은 결국 국가와 인간을 파멸시킨다. 탐욕을 부리면 하늘은 반드시 벌을 내린다.

　분노와 욕심은 수양(修養)의 적이다. 몸을 수양하는 요령은 말이 충신해야 하고 행실이 독경해야 하며 분한 마음을 징계하고 욕심을 막으며 허물을 고쳐 선으로 나아가는 것이다. 결국 몸을 수양하려면 말(言)이 미더워야 하고 행실이 돈독해야 한다. 분노와 욕심을 막고 허물을 고친다면 탐욕에서 벗어날 수 있음을 명심해야 한다.

3. 옳고 그름도 실상이 없으니 싸우지 말라

　인간의 이상한 일이나, 이야기를 모아 엮은 설화집인 〈이견지(夷堅志)〉는 송(宋)나라 홍매(1123~1202)가 지은 것으로, 총 420권으로 되어 있다.

여색 피하기를 원수 피하듯이 해야 하고, (避色如避讐: 피색여피수)

바람 피하기를 날아오는 화살 피하듯이 하여야 하고, (避風如避箭: 피풍여피전)

빈속에는 차를 마시지 말고 밤중에는 밥을 적게 먹으라 했다. 때와 상황을 가리고 섭생을 조심하여 스스로 건강한 삶을 지켜나가야 한다는 뜻이다. 병에 걸리지 않으려면 자기 자신에 대한 철저한 통제와 내공이 필요하다.

어리석고 똑똑하지 못한 자가 화를 내는 것은 다 이치를 알지 못하기 때문이요, 마음 위에 화를 더하지 말고, 다만 어느 누가 나쁜 소리를 해도 귓전에 스치는 바람결로 여기라는 말이 있다. 장단점은 집집마다 있고 따뜻하고 싸늘한 곳은 곳곳마다 있는 것이니 이것 또한, 나쁘게 생각지 말고, 옳고 그름도 본래 실상이 없는 것이니 싸우지를 말 것이며, 마음의 수양을 많이 하는 것이 좋다.

폐가 안 좋은 사람은 새벽 3시에서 5시까지 운동하면 좋다고 한다. 그만큼 맑은 공기가 폐에 좋은 영향을 미치기 때문이다. 대장(大腸)이 안 좋은 사람은 5시에서 7시에, 그리고 위장병 환자는 7시부터 9시까지가 운동하면 좋다고 한다.

4. 돈은 쓰기도 어려우나 모으기도 힘들다

사람은 제 분수를 알아서 내가 행복하다는 만족감을 느낄 때 평생 욕됨이 없다. 제 분수를 알고 행동하고 처신하며 제어할 줄 안다면 부끄러울 일이 없을 것이다. 쓸데없는 생각은 정신을 흐르게 하고, 망령된 행동은 화를 자초한다.

편안한 마음을 갖고 분수를 지키면 몸에는 욕됨이 없고, 세상 돌아가는 형편을 잘 알면 마음이 스스로 한가해지고 안정이 되니, 비록 인간 세상에 살지라도 세상에서 벗어날 수 있다.

사람들은 누구든 흥청망청 살게 되면 손가락질 받는다. 그래서 분수에 맞게 살아야 한다. 분수가 뭔지 알면서도 제대로 지키지 못하고 동분서주 날뛰며 사는 게 인간의 단면이기도 하다.

돈은 쓰기도 어렵지만 모으기도 힘들다. 돈이 돈을 버는 세상이다. 돈이 없으면 알면서도 좋은 땅, 비싼 상가 주택은 사지 못한다.

수전노란 돈을 지키는 하인이라는 뜻으로, 돈에 인색해서 쓰지 않고 모을 줄만 알고 사는 사람을 일컫는다. 구두쇠 같은 사람을 말한다.

돈은 바르게 써야 한다. 사람마다 재능과 끼가 있는데 어떻게 해야 올바르게 모으고 올바르게 돈을 쓰는지 잘 알지 못한다. 큰 기업들도 마찬가지일 것이다.

'큰 부자는 하늘에서 나고 작은 부자는 부지런함에서 난다'고 했으니, 그것을 안다면 늘 풍성한 삶을 누릴 수 있을 것이다.

5. 선택의 결과에 따라 선과 악은 달라진다

'욕심대로 행동하면 화를 자초하는 법'이라는 말은 〈명심보감〉 천명 편에 나오는 구절이다. 〈근사록〉은 중국 송나라 때 주자와 그 제자 여조겸이 함께 지은 책으로 수양에 긴요한 선배들의 글을 모아 편찬했다. 다음은 〈근사록〉의 내용이다.

'천리(天理) 길을 따르면 이(利)를 추구하지 않더라도 저절로 이롭지 않음이 없고, 인욕(人慾)을 따르면 이를 구하더라도 얻지 못하고 해로움이 따른다.'

천리(天理)는 인(仁), 의(義), 예(禮), 지(知)의 인간 본연의 성품을 말하고 인욕(人慾)은 물건에 따라 움직이는 형체의 사사로운 욕심을 말한다. '천리와 인욕은 모두 애당초 사람의 마음에서 나오는 것이지만, 어느 것을 따르느냐에 따라 결과가 달라지며, 그 차이도 선과 악으로 크게 나누어진다'. 이것은 난의 시초이며 그러므로 공자는 일을 잘 말하지 않았으며 이로움을 따라 행하면 원망을 많이 받게 된다고 했다.

군자라고 하여 일을 추구하지 않는 것이 아니다. 다만 이로움만 생각하면 마음이 사사로운 욕심에 끌려 해가 되기 때문에 그렇게 하지 않는 것이다. 인(仁), 의(義), 예(禮), 지(智)의 본연의 성품에 따라 행하면 이로움을 쫓지 않아도 자연히 이롭지 않음이 없으니, 군자의 일을 추구함은 이와 같은 것이다. 정상이 아닌 비정상적으로 부를 축적하려 한다면 분명 화를 자초하는 꼴이 된다.

부귀영화는 항상 돌고 돌며 변화무쌍하다. 또 남을 하늘 높이 올리거나 구렁텅이에 빠뜨려서는 안 되며 모든 일에 하늘을 원망하지 말아야 한다. 하늘은 빈부귀천을 따지지 않고 무사하기 때문이다.

하늘의 뜻은 후하고 박함이 없다

모든 일에 하늘을 원망하지 말아야 하며,
하늘의 뜻은 사람에게 후하고 박함이 없다.
부귀영화는 항상 돌고 돌아 변화무쌍하다.

1. 맛있는 음식이 병을 부른다

강절 소 선생이 말하였다.

"한가히 있으면서 삼가서 무방하다고 말해서는 안 되며, 무방하다고 말하자마자 문득 방해됨이 있다."

입을 상쾌하게 하는 물건은 질병을 일으키는 것이 많고, 마음에 상쾌한 일은 지나고 나면 반드시 재앙이 따른다. 병이 난 후에 약을 먹는 것보다 병이 나기 전에 스스로 방지함만 못 하다. 한가로이 게으름을 피우면서 일해도 괜찮다는 생각을 가져서는 안 되며 항상 약간의 긴장감을 갖고 생활해야만 사고가 생기지 않는 법이다.

'몸에 좋은 음식은 입에 쓰다' 는 말이 있다. 이 말을 뒤집으면 '입에 단음식은 몸에 좋지 않다' 는 뜻이다. 부드럽고, 고소하며, 바삭바삭한 입에 착 달라붙는 음식을 많이 섭취하면 당뇨병, 암을 일으킬 가능성이 높다.

입맛에 맞는 음식물이 질병을 일으키고, 기분 좋은 일이 지나면 재앙도 뒤따름을 잊지 말아야 한다. 또 병이 난 후에 좋은 약을 먹는 것보다는, 평소에 조심하고 규칙적인 운동을 하는 것이 좋다. 음식은 골고루 균형 있게 먹어야 병을 부르지 않는다.

2. 하늘의 뜻은 후하고 박함이 없다

꽃은 졌다가 다시 피고, 피었다가 다시 진다. 비단옷을 입다가도 베옷으로 갈아입게 되며, 부잣집이 부귀한 것도 항상은 아니다.

가난은 집이라 하여 늘 쓸쓸하고 천하게 살지만은 않는 것이다. 사람을 부축해 올려도 반드시 하늘까지 오르는 것은 절대 아니며, 사람을 떠밀어도 반드시 구렁텅이에 빠지거나 자빠지는 경우가 없다. 모든 일에 하늘을 원망하지 말아야 하며, 하늘의 뜻은 사람에게 후하고 박함이 없다. 부귀영화는 항상 돌고 돌아 변화무쌍하다.

무릇 재화(災禍)란 어느 한 사람의 손아귀에 쥐어져 있는 것이 아니라 이 손에서 저 손으로 넘어간다. 저 땅은 옛사람이 가꾸던 밭인데 뒷사람들이 거두는 것이다. 뒷사람이 차지했다 해도 기뻐하지 말라 하지 않았던가? 다시 거둘 사람이 기다리고 있다는 것을 알아야 한다. 우리네 인생은 돌고 도는 물레방아와 같다는 것을 늘 깨달아야 한다.

3. 원한을 사면 죽음을 면치 못한다

〈경행록〉에 이런 말이 있다.

'남과 원망을 맺는 것은 화를 심는 것이고, 선을 버려두고 하지 않는 것은 자신을 해친다.'

조선 성종 때 판서를 지낸 이세좌는 앞날이 촉망되는 인물이었다. 성종이 연산군을 낳은 윤비를 서인으로 삼아 사약을 내릴 때 이세좌는 승지로서 사약을 가지고 가야만 했다. 그 날 맥없이 집으로 들어가니 부인이 물었다.

"요즘 조정에서 폐비론이 일어나고 있다는데 어떻게 되었습니까?"

"그렇지 않아도 오늘 내가 사약을 가지고 가 이미 죽었다오."

그 말을 들은 부인이 깜짝 놀라 일어나더니 말했다.

"큰일 났구려. 앞으로 우리 집 자손이 끊길 날이 머지않았습니다."

죄 없는 어머니를 죽였으니 그 아들이 어찌 보복하지 않기를 바라겠는가?

과연 연산군이 즉위하고 갑자사화 일어나 이세좌는 물론 그 아들 수정까지도 모두 죽음을 면치 못했다.

허종은 그 당시 영의정으로서 폐비를 결정하는 회의에 참석하기 위해 일찍 집을 나섰다고 한다. 그런데 어쩐지 도중에 누님이 보고 싶어 잠깐 누님에게 들러 이런저런 말끝에 오늘 있을 폐비에 대한 이야기가 나왔다. 그 말을 들은 누님은 펄쩍 뛰었다.

"절대로 그 회의에 참석해서는 안 되네. 하인이 주인 말을 어기기가 어려워 주인집 마나님을 때려죽였다고 치세. 그 주인이 죽고 나면 마나님의 아들들이 그 하인을 그냥 두겠는가?"

허종은 누님의 말을 듣고 크게 깨달은 바가 있어 돌다리를 지나다가 일

부러 말에서 떨어져 낙상해 그날 회의에 참석하지 않았다. 이 일로 허종은 갑자사화 때 죽음을 면할 수 있었다. 사람은 절대 누구 얘기든, 언제 어디서든, 원한을 사지 말아야 함을 명심해야 한다.

4. 송백은 시들지 않는다

갯버들과 같은 성질이라는 뜻으로 갯버들처럼 연약한 체질을 일컫는 말이 고사성어 표류지질(蒲柳之質)에서 나오는 말이다.

진나라 황제가 동진의 고열지에게 이런 말을 하였다고 한다.

"그대는 짐과 나이가 같은데 어찌 그렇게도 머리가 희오?"

이 말을 듣고 고열지가 이렇게 대답했다고 한다.

"표류는 가을이 되면 입이 떨어지고, 저는 몸이 허약해서 폐하의 건강하심을 따를 수 없습니다. 송백의 바탕은 서리를 맞아도 더욱 푸르게 우거집니다."

표류지자(蒲柳之資), 망추이락(望秋而落), 세한연후(歲寒然後), 송백지질(松柏之質), 능상유무(凌霜猶茂), 지송백지(知松柏之) 후조야(後彫也)라, 〈논어〉 자한 편의 말을 인용하여 황제의 건강한 모습에 비유하고 자신은 갯버들과도 같기에 먼저 진다고 하였으니, 군신의 예절까지 갖춘 멋진 비유임이 틀림없다. 날씨가 추워도 송백은 다른 잎과는 달리 시들지 않는다 하였으니, 몸이 몹시 허약하다 해도 항상 건강을 챙기라고 말하는 대목이다.

인생스토리 13계

머뭇거리지 말고 무엇이든 당장 하는 것이 좋다.

망설이지 말고 지금 당장 전장으로 나가서 피 터지게 싸우라는 말이다.

씨앗을 뿌리지 않고 어찌 수확의 날을 기다릴 수 있겠는가?

효란 무엇인가

공자는 기본이 되는 덕목을 인(仁)으로 표현하고,
인(仁)이 구현되고 실현되는 사례들의 구심점을 효(孝)로 보았다.

1. 사람의 근본은 효(孝)

무릇 사람됨(仁)을 말할 때 효도와 공경을 말한다. 공자는 효(孝)를 만사의 근본으로 여기고 제자들에게 수시로 언급했다. 공자의 제자들이 효와 관련된 공자의 어록만을 모아 편찬한 것이 〈효경(孝經)〉이다. 공자는 '하나를 보면 열을 안다'고 말하며 그 '하나'를 효(孝)로 보았고 나머지 '열'을 충분조건으로 보았다. 자산의 부모를 잘 섬기는 사람은 친구 사이에서도 신의가 있고 다른 어른에게도 공손하며 관직에 나아가서는 임금에게 충성을 다한다.

'유교' 하면 조선 시대 양반들이 공리공론만 일삼던 성리학을 떠올리기 쉽지만, 그것은 유교의 본질도 성리학의 본질도 아니다. 가까이에 있는 작고 쉬운 일부터 성실히 해야만 더 큰 일도 충분히 해낼 수 있다. 이러한 점증법적 원리가 바로 유교의 기본 신조인 수신제가 치국평천하(修身齊家治國平天下)이다. 공자는 기본이 되는 덕목을 인(仁)으로 표현하고, 인(仁)이 구현되고 실현되는 사례들의 구심점을 효(孝)로 보았다.

예체능의 대가들이 중요시하는 것이 바로 기본이다. 천부적인 재능을 가졌어도 기본을 무시하고 게을리 한다면 아무것도 기대하고 할 수 없다. 그런 사람들은 겉모습에만 머물러 있고 전진해 나가지 못하고 관심에서도 멀어지는 불운의 천재가 되기 쉽다.

사람의 운명까지도 마음대로 할 수 있는 기본이 바로 부모를 향한 심성이다. 조기교육에 열을 올리는 이유가 어린 시절부터 창조계발이 더욱 효과적이라는 믿음 때문이라면 인성교육 역시 어려서부터 부모에게 배우는 것이 가장 효과적일 것이다.

맹자의 어록 중엔 '망민(罔民)'이란 표현이 있다. 죄를 짓게 해놓고 죄에 따라 형벌을 가하는 작태이다. 그물을 쳐놓고 사람을 몰아가는 짓이라는 뜻이다. 그물의 1차적인 책임은 누구에게 있을까? 당연히 부모이다.

심심치 않게 일어나는 패륜의 사건들은 어떤 이유로든 정당화할 수 없는 범죄이지만 당사자가 그렇게 되기까지 거쳤던 가정과 학교, 사회의 책임도 무시할 수 없다. 아무것도 가르쳐주지 않은 기성세대들의 책임이 크다.

헤르만 허세는 훌륭한 인성교육은 어떠한 유전자보다 더 확실한 것이라고 말했다. 인성교육의 가치를 더욱 중요하게 여겨야 할 것이다.

2. 위태로운 아이들의 인성

● "친구요? 엄마가 다 필요 없대요. 공부만 잘하면 된다고요. 저도 그렇게 생각해요. 어차피 저희 판단하는 것은 성적이니까."
● "왕따 당하지 않으려면 왕따 시켜야 해요. 내가 살려면 마음 내키지 않아도 다른 애를 괴롭혀야 돼요."
● "대화의 절반은 욕이죠. 다들 그렇게 하니까 아무렇지도 않아요. 부모님도 욕을 섞어 쓰니까 우리에게 뭐라고 못하죠."

※정직 61.7%, 정의 91.3%, 법 준수 68.8%, 공감 76.4%, 소통 75%, 배려 63.6%, 협동 69.5%, 자기이해 69.9%, 자기조절 64.3%

100점을 기준으로 했을 때(경희대, 중앙일보 보고용) 대한민국 중학생 수준이 80점이면 '양호'이고 67점 이하면 '미흡'으로 되어 있다. 결과에서 보듯 아이들의 인성이 위태롭다. 공부와 성적에 억눌려 주변 사람을 돌보는 것은 생각하지도 않는다. 스마트폰과 게임 등 자극적 반응에 길들어 감정조절 능력이 부족하다.

많은 아이들은 언제나 친구로부터 왕따 당할지 모른다는 두려움 안고 산다. 상대방을 배려하거나 협동하는 일에 익숙하지도 않다. 꿈이 없거나 앞으로의 진로에 대해 고민해 본 적이 없는 아이도 많았다. 이와 같은 결과는 아이들의 잘못은 아니다. 성공을 위해 거짓말과 편법은 대수롭지 않게 여기는 기성세대의 세태를 여실히 보여주는 결과이다.

성적에만 매몰된 지나친 경쟁 위주의 교육이 아이들의 인성을 망친다. 인간으로 갖추어야 할 기본적 심성과 행위양식을 묻기 때문에 설문의 답변이 바람직한 방향으로 치우치게 된다. 이들이 생각하는 중학생의 문제는 더욱 심각한 수준이다. 교사 50.7%, 부모 60.6%로, 학생들보다 훨씬 낮게 나타났다.

요즘 아이들은 손해 보는 일이 아니면 관심 갖지 않는다. 존중과 배려처럼 깊은 시각이 드물고, 동영상과 SNS 같은 즉각적인 반응에 길들어 책임감이나 공중도덕 함량이 떨어진다. 게다가 매스미디어의 발달로 악습을 더 빨리 배운다.

정직, 배려, 자기조절 등 학생들에게 부족한 품성을 키워주는 교육 프로그램이 마련되어야 한다. 더불어 약속을 실천하는 어른들의 모습을 보여야 할 것이다.

예절이란 무엇인가

인간은 타인과 더불어 살아간다. 더불어 살아가는 사회에서 인간관계를
원만히 하기 위해서는 예절을 지켜야 한다. 대인관계를 원만히 하려면
서로 약속해 놓은 방식을 지켜야 한다.

1. 예절의 의미

인간을 흔히 사회적 동물이라고 한다. 사람은 혼자서 살 수 없는 존재라
는 것이다. 다른 동물과 달리 혼자서 삶을 영위해 나갈 수 없기 때문이다.
사람과 사람 간의 교류와 접촉에는 반드시 지켜야 할 도리가 있다. 이 도
리를 동양에서는 '예의'라고 하고 서양에서는 '에티켓', 또는, '매너'라고
한다.

예절이란 무리 지어 사는 사람들이 약속해 놓은 방식이다. 따라서 예절을
행하지 않은 것은 약속을 지키지 않는 것이다. '예(禮)'란 관행성 사회 계약
적 생활규범이다. 생활예절은 생활하는 방식을 약속한 것이고, 가정의례는

가정에서 행하는 의식절차를 약속한 것이다.

2. 예절의 목적

인간은 타인과 더불어 살아간다. 더불어 살아가는 사회에서 인간관계를 원만히 하기 위해서는 예절을 지켜야 한다. 대인관계를 원만히 하려면 서로 약속해 놓은 방식을 지켜야 한다. 예절의 목적은 첫째, 자신의 노력으로 자기 내면의 관리를 통해 수신(修身)에 도달하는 데 있다. 대인관계란 사람과 사람 사이의 관계이다. 스스로 사람다워지려는 노력을 자기관리라 한다. 예절은 인간으로서의 자기관리와 사회인으로서의 대인관계를 원만히 영위하는 데 필요하다.

둘째, 예절의 목적은 대인적인 차원에서 인간관계를 원만히 하여 치인(治人)을 이루어내 공동생활을 조화롭게 하는 데 있다. 사람이 되고 사람 노릇을 해서 사람대접을 받으며 사람과 더불어 살려면 사람끼리 약속해 놓은 생활방식인 예절을 알고 실천해야 한다. 예절을 실천하지 않는 것은 바른 사람이 되기를 기피하는 것과 같다.

수신(修身)의 본질은 정성스런 마음이며 사람의 수행은 자신을 극복하는 데 있다. 이를 극기(克己)라 한다. 치인(治人)의 본질은 상대방을 공경하는 것과 사랑하는 것이다. 즉, 상대방이 불편하지 않으며 궁금하지 않도록 하는 마음이다.

3. 예절의 기능과 본질

스스로 사람다워지려는 자기관리를 '수기(修己)'라 하고, 남과 어울려 함께 사는 대인관계를 '치인(治人)'이라고 한다. 수기하는 예절은 자기의 안에 있으면서 자기 자신에게 작용(對內對自的作用)하는 기능을 가지는데, 그때의 본질은 정성(誠)스러운 것이다. 치인하는 예절은 자기의 밖으로 나가 나에게 활용(對外對他的活用)되는 기능을 가지는데, 그때의 본질은 공경(敬)하고 사랑(愛)하는 것이다.

자기관리의 요령은 홀로 있을 때도 삼가는 신독(愼獨)이고, 대인관계의 요령은 남을 편안하게 하는 안인(安人)이다. 정성이란 자기를 속임이 없는 (毋自欺) 양심이고, 공경과 사랑이란 어른을 공경하고 아랫사람을 사랑하는 인류애이다. 안에 있는 예절의 마음과 밖으로 나타나는 예절의 언동(言動)이 일치해야 참 예절이라 할 것이다.

4. 예절의 실제와 격식

예절은 마음만 있어서는 안 되고 반드시 그 마음을 상대방에게 인식시키는 말과 행동이 따라야 한다. 자신의 마음을 상대방에게 인식시키는 것을 의사소통이라 하는데 의사소통수단인 말과 행동은 미리 약속해 놓은 방식으로 해야 한다. 약속해 놓은 말이 언어의 격식이고, 약속해 놓은 몸놀림이 행동의 격식이다. 즉, 예절의 실제는 의사(意思)의 형태로 마음속에 있는 것이고, 예절의 격식은 그 의사(意思)를 남에게 인식시키는 의사소통의 수단이다.

5. 바른 마음가짐의 중요성

매사에 바른 마음을 가졌을 때 평온한 생활의 기틀이 마련된다. 여기서 바른 마음가짐이란 자부심이다. 스스로가 자신에 대해 어떻게 생각하는가 하는 것이다. 자기 자신에게 가치를 부여해야만 자부심을 가질 수 있다. 자부심은 자신의 삶에 온정적인 영향은 준다.

또한, 바른 마음가짐의 두 번째는 사랑이다. 이것은 다른 사람에 대한 자신의 감정을 나타내는 마음가짐이다. 진정한 사랑은 상대방을 편안하게 하고 늘 생각하는 그런 마음가짐이다.

바른 마음가짐의 세 번째는 믿음이다. 믿음이란 신(神)을 향한 마음이고 동료나 가족구성원을 향한 감사의 마음이다.

바른 마음가짐의 네 번째는 소망이다. 이것은 미래를 생각하는 마음이다. 정신과 전문의 알프레드는 소망이 모든 변화의 근본이며 촉매제라고 한다. 여기서 바른 마음을 가지는 것이 무엇보다 중요하다.

바른 마음을 갖는다는 것

구시화지문(口是禍之門): 입은 재앙을 불러들이는 문이요
설시참신도(舌是斬身刀): 혀는 몸을 자르는 칼이다
폐구심장설(閉口深藏舌): 입을 닫고 혀를 깊이 감추면
안신처처우(安身處處宇): 가는 곳마다 내 몸이 편안하리라

6. 바른 몸가짐의 중요성

옷이 날개라는 말이 있다. 그만큼 외형적인 모습이 중요하다는 이야기다. 아무리 마음속이 꽉 차고 든 것이 많다고 해도 외모가 깨끗하지 못하고 단정하지 못하면 그 내면도 올바르게 평가받지 못한다. 경건한 마음을 가지고 몸을 닦는 것이 군자의 도리이다. 진실한 마음가짐은 그 사람의 몸에서 나타난다. 몸가짐은 말과 행동이 일치하는 것이 중요하다.

가까운 사이라도 금전관계는 분명하게 해야 한다. 다른 사람과의 약속은 꼭 지켜서 서로 불편한 관계를 유지해서는 안 된다. 가장 가깝고 작고 쉬운 일부터 착실하게 지켜나가는 근면성이 필요하다. 평상시 부드럽고 온화한 표정을 지어 상대방으로부터 편안한 마음을 갖도록 해야 한다.

걸음걸이도 중요하다. 두 발을 벌려 팔자걸음을 걷는다거나 지나치게 안으로 넣어서 걸어도 보기가 흉하다. 11자형으로 걷는 것이 보기도 좋고, 건강에도 좋다. 또 손은 달걀을 쥔 듯이 자연스럽게 쥐고 바지 단이 닿을 듯 말 듯 자연스럽게 걷는 것이 좋다.

허리는 반듯하게 펴고 시선은 눈높이에서 위쪽으로 15도 각도로 보는 것이 가장 바람직하다. 신발은 질질 끌거나 소리 나게 걸어서는 안 된다. 특히 신발을 꺾어서 신거나 접어 신어서는 안 된다. 또한, 실내화를 신고 바깥출입을 해서도 안 된다.

걸어갈 때 인사하는 것도 조심해야 한다. 인사를 해야 할 상대가 2~3미터 전방에 왔을 때 상대를 향하여 정중하게 성의를 다해 고개를 숙여 인사한다. 고개만 까딱하는 인사는 잘못된 인사다. 적어도 고개와 허리를 같이 숙이는 정성이 담긴 인사를 해야 한다. 무엇보다도 인사는 정성이 중요하다. 상대방이 분명히 인사하는 것을 알도록 미리 예비동작을 취해서 상호 간에 인사를 주고받을 수 있도록 하는 것이 좋다.

단정한 몸가짐에서 가장 중요한 것은 바른 옷차림이다. 항상 청결한 옷차림을 하고, 겉옷 못지않게 속옷도 깨끗이 해야 한다. 계절에 맞는 복장을 착용하는 것이 중요하다. 또 장소에 어울리는 옷을 입어야 한다. 신분과 나이에 맞는 옷을 입어야 하며, 성별에 맞는 옷을 선택해야 한다. 과다한 노출로 인해 상대방의 눈살을 찌푸리게 하는 일이 있어서는 안 된다.

너무 딱 붙는 옷은 보기 흉하다. 속이 다 들여다보이는 옷도 바람직하지 않다. 유행에 너무 신경 쓰지 않고 분수에 맞는 옷차림이면 좋다. 옷매무새가 단정한지 수시로 점검해야 한다. 종종 바지의 단추가 풀려 있거나 지퍼가 내려가 상대방의 이맛살을 찌푸리게 하는 경우가 있다.

아무리 가족끼리만 있어도 예의는 갖추어야 한다. 잠옷은 잠잘 때 자기 방 안에서만 입는 것이 원칙이다. 이런 부분에서 너무 자기방식대로 행동하는 사람들이 많다.

두발도 마찬가지다. 남자의 경우에는 앞머리가 눈썹에 닿지 않도록 하고 뒷머리는 옷깃에 닿지 않도록 하며 옆머리는 귀를 덮지 않는 것이 좋고, 특히 코털이 밖으로 삐져나오지 않도록 각별히 유의해야 한다.

여자의 경우에는 머리의 모양을 인위적(파마, 고대, 염색, 젤 등)으로 지나치게 변화시키는 것은 바람직하지 않다.

화려하고 값비싼 것도 좋지만, 그보다 더 중요한 것은 검소한 몸가짐이다. 그것은 첫째로 분수에 맞는 생활이라고 할 수 있다. 형식이나 겉치레보다는 내용과 실질을 존중하는 생활이다. 물건은 꼭 필요한 것만 사서 아껴 쓰는 것이 좋다. 헌 옷이라도 깨끗이 빨아 입고, 폐자재를 활용하고 각종 생활도구나 용품을 절약해서 근검한 생활을 하는 것이 무엇보다 중요하다.

7. 구사(九思)와 구용(九容)

아홉 가지 생각하는 법(九思)과 아홉 가지 바른 몸가짐(九容)에 대해 이야기해 보자.

구사(九思)는 공자의 사상에서 나온 것이다. 내용은 다음과 같다.

구사(九思)

1. 시사명(視思明): 눈으로 볼 때는 바르고 옳게 볼 것을 생각한다.
2. 청사청(聽思聰): 귀로 들을 때는 소리의 참뜻을 밝게 들을 것을 생각한다.
3. 색사온(色思溫): 표정을 지을 때는 온화하게 할 것을 생각한다.
4. 모사공(貌思恭): 몸가짐은 공손해야 할 것을 생각한다.
5. 언사충(言思忠): 말을 할 때는 참되고 거짓 없이 할 것을 생각한다.
6. 사사경(事思敬): 어른을 섬길 때는 공경하는 것을 생각한다.
7. 의사문(疑思問): 의심 나고 모르는 것이 있으면 물어서 완전히 알도록 하는 것을 생각한다.
8. 분사난(忿思難): 분하고 화난 일이 있으면 어려움에 이르지 않을까를 생각한다.
9. 견득사의(見得思義): 자기에게 이로운 것을 보면 정당한 것인가를 생각한다.

구용(九容)은 〈소학〉과 〈격몽요결〉에 나오는 아홉 가지 바른 몸가짐을 일 컫는다. 내용은 다음과 같다.

구용(九容)

1. 족용중(足容重): 발을 옮겨 걸을 때는 무겁게 한다. 그러나 어른이 시키는 일을 할 때는 민첩하게 한다.
2. 수용공(手容恭): 손은 필요 없이 움직이지 않고 두 손을 공손하게 잡는다.
3. 목용단(目容端): 눈은 단정하고 곱게 떠서 지그시 정면을 본다.
4. 구용지(口容止): 입은 조용히 다물고 함부로 놀려서는 안 된다.
5. 성용정(聲容靜): 말소리는 나직하고 조용하면서도 분명하게 한다.
6. 두용직(頭容直): 머리를 곧고 바르게 해서 의젓한 자세를 지킨다.
7. 기용숙(氣容肅): 호흡은 조용히 고르게 하고, 안색은 평온히 한다.
8. 입용덕(立容德): 서 있는 모습은 그윽하고 덕성이 있어야 한다.
9. 색용장(色容莊): 표정은 항상 명랑하고 위엄 있게 한다.

난세의 지혜

우리는 사소한 일에 목숨 걸듯 모든 것에 얽매여 다른 것들을 포기하기
도 한다. 모든 것을 깊이, 그리고 멀리 내다볼 수 있는 선견지명이 필요
하다.

1. 유지의성(有志竟成): 목표를 세워라

유지의성(有志意成)이란 '뜻을 품으면 결국 이루어진다' 는 말로, 뜻이 있
으면 목적을 이룬다는 뜻이다. 뜻을 세우고 부단히 밀고 나가면 성공한다는
의미이다.

동한 시대에 경감이라는 선비가 있었다. 그는 천하가 소란스러워지자 책
을 집어 던지고 당장에 전쟁터로 달려나갈 기세였다. 때마침 광무제(유수)가
북방에서 병사를 모집한다는 방을 붙여서 그곳으로 달려가 군인이 되었다.

그들은 여러 전투에서 공을 세웠다. 경감은 명을 받고 장보를 치러 갔다.
당시 장보의 군세가 너무 강했기 때문에 그를 공격하는 것은 무리라고 결론

짓고 있었다. 휘하 장수들은 직접 대치하여 싸우는 것은 어려우니 일단 지원 병력이 올 때까지 기다리는 것이 좋겠다는 것이다.

"장군, 지금 장보 병사들은 사기가 높습니다. 우리가 적은 병력으로 그들을 직접 공격하는 것은 섶을 지고 불에 뛰어드는 것이나 다름없습니다. 그러니 원군이 올 때까지 기다렸다가 공격을 하는 것이 옳은 일이라 봅니다."

경감은 일언지하에 거절했다. 서둘러 전투를 끝내고 잔치를 할 판인데 그럴 수 없다는 것이다. 경감은 병사를 이끌고 상대의 본진을 단번에 휩쓸어 버렸다.

여기서 우리는 무엇을 배우고 어떤 목표를 세워야 할지 깊이 생각을 해볼 필요가 있다. 머뭇거리지 말고 무엇이든 당장 하는 것이 좋다. 망설이지 말고 지금 당장 전장으로 나가서 피 터지게 싸우라는 말이다. 씨앗을 뿌리지 않고 어찌 수확의 날을 기다릴 수 있겠는가?

2. 문전성시(門前成市): 유연하게 대처하라

문전성시(門前成市)란 '대문 앞이 시장을 이루었다'는 뜻으로 집안이 흥하여 방문객이 많음을 일컫는다. 세도가 있어 집 앞이 마치 저자처럼 혼잡하다는 뜻이다.

후한 성제 때 대마서였던 왕망이 밀려나고 조정은 전희를 비롯하여 정명 등이 실권을 장악했다. 이때 상서복야의 자리에 있던 정승이 나섰다.

"폐하! 태후의 동생을 중용하는 것은 참으로 옳지 않은 일이라 봅니다."

이런 말이 나오자 정태후가 가만있지 않았다. 그러나 정승은 어떤 협박이

나 어려움에도 뜻을 꺾지 않고 계속하여 잘못된 것을 추궁하고 나섰다. 이러는 와중에 군왕의 비행은 심해지고, 독단과 생트집은 날이 갈수록 심해졌다. 그러자 조창이 비난하고 나섰다.

"정승은 대궐 밖의 종적들과 내통하고 있습니다. 그자를 특별히 조사하여 경계해야 합니다."

이렇게 되자 애제도 정승을 불러들였다.

"너희 집 문간이 시장바닥처럼 혼잡스럽다는데 그게 사실이냐?"

"남들이 보기에는 그렇게 보일지 모르나 신의 마음은 물처럼 맑습니다."

애제는 정승을 즉시 가두어 버렸다고 한다.

우리는 강한 것이 이기는 것으로 알고 있다. 이것은 착각일 뿐이다. 한자어로는 태강즉절(太强則折)이라 부른다. 이와 반대로 부들부들한 것이 세상을 지배한다고 한다. 이것이 유능제강(有能制强)이다. 물에서 유연함을 강조하듯이 유연한 모습을 보이며 살아간다면 항상 승리하게 될 것이다.

3. 순망치한(脣亡齒寒): 눈앞의 이익에 말려들지 말라

순망치한(脣亡齒寒)이란 '입술이 없으면 이가 시리다'는 말로, 가깝고 이해관계가 깊은 두 사람 중 한 사람이 망하면 나머지 사람도 위험하게 된다는 뜻이다. 융통성 없는 판단력이 부족한 사람을 비유한 말이다. 〈한비자〉의 오두 편에 나오는 이야기이다.

송나라 때 어느 농부가 밭에서 일하고 있었다. 그때 토끼 한 마리가 갑자기 뛰어오더니 밭 가운데 있는 그루터기에 몸을 부딪쳐 목이 부러져 죽는 것을 보았다. 토끼 한 마리를 공짜로 얻은 농부는 희희낙락하여 중얼거렸다.

"그래, 지금부터는 농사를 지을 필요가 없어. 이곳에 가만히 있으면 토끼가 그루터기에 부딪혀 죽을 게 아닌가?"

농부는 매일 그곳에서 기다리기만 하면 큰 이득을 얻겠다고 생각하고 말두둑에 앉아 토끼가 오기를 기다렸다. 그러나 토끼를 두 번 다시 볼 수 없었다. 그러는 동안 농부의 밭은 잡초가 무성하게 자라 결국 농사를 망치고 말았다.

한비자는 요순을 이상으로 하는 왕도 정치는 시대에 뒤떨어진 것이라고 주장했다. 그는 시대의 변천은 돌고 도는 것이 아니라 진화하는 것으로 생각했다. 한비자는 복고주의가 진화를 역행하는 어리석은 생각이라고 경고하는 것이다.

'소인은 눈앞의 이익에 사족을 못 쓴다'는 말이 있다. 반대로 '군자는 큰 것을 노리며 세상을 멋지게 달려가고 있다'고 한다. 대범하고 멋지게 살기를 기원한다.

4. 완벽(完璧): 상대방의 저의를 간파하라

완벽(完璧)이란 '옥에 티 없이 완전하다'는 뜻이다. 결함 없는 완전한 사물, 또는 빌려온 물건을 온전히 돌려보내는 것을 일컫는다. 모자라거나 부족함이 없음을 말하는 것이다.

전국시대 말에 조나라의 혜문왕이 우연히 화씨벽을 얻게 되었다는 이야기가 있다. 화씨벽이란 일종의 '야광주'를 말한다. 진나라의 수왕이 화씨벽을 탐내어 진나라의 15성(城)과 바꾸자는 제의를 해왔다. 그러자 조(趙)나라는 상황이 곤란해졌다.

구슬을 주지 않으면 트집을 잡아 공격해 올 것이고, 구슬을 보내면 그것만을 받고 성을 주지 않을 것이 뻔했기 때문이다. 이때 인상여가 그 구슬을 가지고 진나라로 돌아가겠다고 청하여 허락을 받아낸다. 진의 소왕은 구슬을 보고 크게 기뻐하며 여러 대신과 후궁들이 돌려가며 구슬을 보게 했다.

하지만 아무래도 약속한 성(城)을 주려는 태도는 아니었다. 인상여는 이를 알아차리고 구슬에 흠이 있는 곳을 알려주겠다는 핑계로 구슬을 돌려받고는 그것을 기둥에 대고 말했다.

"어찌하여 대왕은 구슬을 받으시고도 성(城)을 주려고 하지 않습니까? 약속을 지키지 않으시고 신을 핍박한다면 지금 이 구슬을 깨뜨리겠습니다."

다급해진 진의 소왕은 열다섯 성을 주겠다고 허둥지둥 말했다. 인상여는 곧이듣지 않았다. 그래서 인상여는 목욕재계하고 닷새 후에 받으라고 말하고서 은밀히 조(趙)나라로 구슬을 빼돌렸다.

'완벽하게 흠이 없다'는 뜻과 '온전히 되돌아왔다'는 뜻으로 '완벽(完璧)하다'는 말을 쓴다. 우리는 상대방의 저의가 뭔지를 사전에 파악하고 살아가야 지혜롭게 살 수 있다. 그렇게 완벽하게 살아가는 사람들이 주변에 얼마나 많을지는 미지수다.

5. 수석침류(漱石枕流): 경솔한 행동을 삼가라

수석침류(漱石枕流)란 '돌로 양치질하고 흐르는 물을 베개 삼는다'는 뜻으로, '공명을 뜬구름같이 여기고, 자연을 벗하여 유유자적하는 것'을 일컫는다. 진서의 〈손초전〉에 나온 말로, 자기의 말이 틀렸는데도 끝까지 우긴다는 뜻이다.

진나라에 손초라는 이가 있었다. 이 무렵은 노장사상의 공리주의가 크게 성행하여 뜻있는 선비들은 속세를 떠나 깊은 산 속에 은거하였다. 죽림칠현에 관한 얘기가 심심치 않게 떠돌 무렵, 손초는 속세를 떠나 산중에 은거할 뜻을 지니고 왕제라는 친구를 찾아갔다. 이런저런 얘기를 하던 중에 한 수 시구를 읊조렸다.

그런데 실수를 범한 것이다. 이를테면 '돌을 베개 삼아 눕고, 흐르는 물로 양치질한다'라고 해야 할 것을 '돌로 양치질 하고 흐르는 물로 베게 삼는다'라고 한 것이다.

"이보시게, 어찌 돌로 이를 닦을 수 있단 말인가? 또 흐르는 물을 베개로 벨 수 있단 말인가?"

손초는 재빨리 대답했다.

"거기에는 깊은 뜻이 숨어있네. 그 옛날 허유가 '싫은 말을 들었을 때에 흐르는 물로 씻었다'는 것과 같은 의미일세. 아시겠는가?"

손초는 여전히 고집스러운 변명을 계속하였다.

이 이야기에는 남의 말을 쉽게 믿지 말라는 뜻이 담겨 있다. 여러 사람이 누구를 미워하더라도 반드시 살펴보며, 여러 사람이 그를 좋아하더라도 반드시 살펴보아야 한다. 〈논어〉 위령 편에 나온 말이다. 우리는 누구든 깜박할 사이에 경솔한 행동을 하고 만다. 무의식중이든 아니든 말이다. 항상 겸손하고 예의 바르며 깊게 생각하도록 노력해야 할 것이다.

6. 양상군자(梁上君子): 덕을 베풀어라

양상군자(梁上君子)는 '들보 위의 군자'라는 뜻으로 도둑을 일컫는 말이다. 이는 천장에서 소란을 피우는 쥐를 말하는데, 〈공자가어〉 사기 편에 나오는 내용이다. 충신의 말은 귀에 거슬리나 행동은 이롭다는 뜻이다.

사기의 〈유후세가〉에 의하면 초나라의 항우와 한나라의 유방은 진나라의 관종에 들어가는 사람이 왕이 되기로 약속했다. 운이 좋게 함양에 들어간 유방은 진나라의 호화스러운 모습에 넋이 달아날 지경이었다. 궁 안 곳곳에 화용월태의 미녀들이 구름처럼 모여 있으니, 호색했던 유방은 그냥 눌러앉고 싶었다. 번쾌가 떠나자고 했으나 듣지 않자, 이번에는 장양이 나섰다.

"진나라가 하늘의 뜻을 저버리고, 폭정을 하다가 오늘에 이르렀습니다. 그러므로 패공께서는 이렇듯 궁에 들어올 수 있었습니다. 모름지기 천하를 얻기 위해서는 이러한 작은 유혹을 물리쳐야 합니다. 또한, 백성들을 어루만지며, 상복을 입고 그들을 격려해 주어야 합니다. 그렇지 않고 진나라의 보물이나 미인을 수중에 넣는다면 포악한 진나라 임금과 다를 게 무엇이겠습니까?"

장양이 말을 이었다.

"충언은 귀에 거슬려도 행실에 이롭고 양약은 입에 쓰나, 병에 이롭다고 했습니다. 부디 번쾌의 말을 들어주십시오."

그제야 유방은 지체 없이 궁을 떠났다고 한다.

7. 출호이자 반호이자(出乎爾者 反乎爾者): 원한을 사지 마라

출호이자 반호이자(出乎爾者 反乎爾者)란 '자기가 저지른 것은 분명 다시 자기 자신이 받게 된다' 는 뜻이다. 맹자께서 이르기를, '너에게서 나온 것이 다시 너에게로 돌아간다' 는 말이 있다.

조선 연산군 때 일어난 무오사화는 많은 사람이 죽은 끔찍한 사건이었으나 그 시초는 유자광이 김종직에게 품은 사소한 감정 때문이었다.

김종직이 일찍이 함양에 원으로 있으면서 정자에 걸려있는 유자광의 시를 떼어 불태운 일이 있었는데 이에 앙심을 품은 유자광이 세력을 얻자 김종직이 지은 '조의제문' 이 세조가 단종의 자리를 빼앗은 것을 비난한 것이라 밀고하여 그의 제자 김일손 등도 죽고, 김종직은 부관참시의 형을 받은 것이다.

세상을 살면서 절대로 남에게 원한을 사서는 안 된다. 모든 것이 자업자득임을 알아야 한다.

8. 다언수궁(多言數窮): 함부로 말하지 마라

다언수궁(多言數窮)은 '함부로 말하지 말라' 는 뜻이며, 사람이 너무 지껄이면 공격의 대상이 되며 빈틈이 생기는 것을 말한다. 침묵을 지키면 상대방이 두려워하며 무슨 말이 나올지 걱정도 하기도 한다. 공격의 대상이 되어서는 안 된다. 말을 항상 아끼고 아껴야 장수한다. 천 마디 말보다 이치에 맞는 한마디 말을 해야 한다.

한마디 말이 맞지 않으면 천 마디 말이 소용없게 된다. 말이란 꼭 필요할 때에만 해야 한다. 아무 때나 함부로 지껄이면 나중에는 아무리 말해도 믿어주지 않는다.

한 목동(牧童)이 종일 말 못하는 양(羊)들을 돌보자니 심심하기 짝이 없었다. 무슨 재미난 일이 없을까 궁리하던 끝에 동네 사람들을 골탕먹일 생각이 떠올랐다. 목동은 허겁지겁 마을로 뛰어 내려가 외쳤다.

"여러분! 호랑이가 나타났어요."

마을 사람들은 호랑이를 잡기 위해 모두 몽둥이를 들고 산으로 올라갔으나 호랑이가 보일 리 없었다. 소년은 며칠 뒤에 또 이런 소동을 벌여 마을 사람들을 속였다.

그런데 며칠 후에는 정말 큰 호랑이 한 마리가 나타나 양들을 잡아먹기 시작했다. 목동은 부랴부랴 동네로 내려와 목청껏 외쳤다.

"정말로 집채만큼 큰 호랑이가 나타났어요."

그러나 마을 사람들은 누구 하나 나서는 사람이 없었다.

이처럼 말이란 꼭 필요할 때 해야 믿을 수 있다. 말 한마디가 얼마나 중요한지 깨달아야 할 것이다.

9. 배수진(背水陣): 사소한 일에 얽매이지 말라

배수진(背水陣)이란 '강을 뒤로하여 진을 쳤다'는 뜻으로, '사소한 일에 얽매이지 말고 극단적인 행동은 어쩔 수 없을 때 취하라'는 말이다. 이것은 위험을 무릅쓰고 필사적으로 모든 힘을 다하여 일거에 판가름 내리는 행동을 일컫는다.

기원전 204년 한나라 고조의 명장 한신이 군사를 이끌고 위나라 군대를 무찔러 위나라 왕을 사로잡았다. 그리고 방향을 멀리 동쪽으로 돌려 조나라를 침공해 무인지경으로 밀고 들어갔다.

조나라 왕 헐은 장군 진여와 함께 20만 대군을 동원하여 정형구에 성채를 구축하고 한신의 공격에 대비했다. 광무군 이좌거가 진여에게 건의했다.

"한나라 군대가 정형의 협곡을 지나게 내버려뒀다가 후미를 기습하여 보급로를 차단하면 10일 내에 승리를 거둘 수 있습니다."

그러자 진여는 의로운 군대는 사술이나 기계를 쓰지 않는다며 받아들이지 않았다. 한신은 정형의 경계 강기슭에 군대를 주둔시켜 놓고, 밤에 2천 명의 군사에게 조나라 군대 가까이에 매복하도록 했다.

"아군이 조나라 군대와 접전을 벌일 때 조나라 군대는 그 진지를 비워놓고 아군을 공격할 것이다. 이 기회를 놓치지 말고 조나라 진지로 돌입해 조나라 깃발을 뽑아 던지고 한나라 깃발을 꽂아놓고 방위에 임하라."

다음날 한신은 병력 1만을 이끌고 강을 뒤로 진을 치고 조나라 군대에 싸움을 걸었다. 조나라 군대는 한나라 군대가 배수진을 친 것을 보고 껄껄 웃으며 일격에 무찌를 기세로 전군이 진지를 비우고 물밀듯 밀고 나갔다.

한나라 군대 1만 명은 앞에는 적군, 뒤에는 강이 가로놓여 있어 생명을 걸고 분전하지 않을 수 없었다. 이왕 죽을 바에는 전진만이 명예를 위한다는 각오로 일만 명이 한마음으로 싸웠다. 조나라 군대는 수적으로 절대 우위에 있었으나 생명을 내던지고 싸우는 한나라 군대를 대적할 수 없었다. 싸울수록 희생만 클 뿐, 한나라 군대를 꺾지 못했다.

마침내 조나라 군대는 싸움을 포기하고 진지로 후퇴했다. 그러나 이게 웬 일인가? 조나라 군대의 진지에 한나라 군대의 깃발이 나부끼고 있는 것이 아닌가? 조나라 군대는 크게 동요하여 다시 공격할 생각을 하지도 못하고 도망치기에 바빴다.

한신은 이 기회를 놓칠세라 대군을 이끌고 조나라 군대를 추격하여 진여를 잡아 목을 베고, 조나라 왕 헐을 사로잡았다. 한나라 군대 진영에는 승전을 자축하는 큰 잔치가 벌어졌다.

부장들이 한신에게 물었다.

"병법에 산을 뒤로, 물을 앞에 두고 싸우라 했습니다. 이번 싸움의 경우는 이와 정반대였습니다. 그럼에도 대승을 거두었으니 무슨 까닭입니까?"

"귀관들은 병법을 두루 살피지 않은 모양이로군. 왜 사지에 뛰어들어야 살길이 열린다고 하지 않던가? 사실 우리 군대는 신병의 보충이 많아 정예부대라 할 수 없네. 배수진 같은 극단적인 방법을 취하지 않고서는 적을 꺾을 수 없다네. 어차피 죽을 바에는 용감히 싸우다 명예롭게 죽겠다는 장병들의 비장한 결의가 승리의 결과를 가져온 것일세."

우리는 사소한 일에 목숨 걸듯 모든 것에 얽매여 다른 것들을 포기하기도 한다. 과연 이것을 어떻게 생각해야 할까? 모든 것을 깊이, 그리고 멀리 내다볼 수 있는 선견지명이 필요하다.

10. 철면피(鐵面皮): 출세를 위해 철면피가 되지 말라

출세를 위해서 물불을 가리지 않는 사람이 되지 말라. 정정당당하게 추진하라. '철면피(鐵面皮)'는 '얼굴이 철판'이라는 뜻으로 일신의 영달을 위해 자존심을 돌보지 않는 염치없는 뻔뻔스러운 사람을 일컫는다.

송나라 때 진사 왕광원은 학문과 재능이 상당한 수준이었고, 출세욕도 대단했다. 왕광원은 일신의 영달을 위해 권세 있는 윗사람의 종기라도 빨아줄 만큼 아첨했고, 그 집을 방문해서는 어린 꼬마에게까지 굽신거리기를 서슴지 않았다.

어느 날, 왕광원이 한 상관의 집을 찾아갔다. 그는 마침 시 한 수를 지어놓고 퇴고를 하는 중이었다. 지우고 다시 쓰고, 쓰고 다시 지우는 작업을 반복했으나 마음에 들지 않았다. 왕광원은 기회다 싶어 침이 마르도록 칭찬했다.

"참으로 훌륭합니다. 대단한 시재이십니다. 이런 절묘한 시구는 이태백이 다시 태어난다 해도 짓지 못할 것입니다."

그는 자신의 학문이 깊지 못하다는 사실을 알고 있었으나 왕광원의 칭찬이 싫지는 않았다.

하루는 왕광원이 어느 세도가의 집을 찾았다. 그 세도가는 왕광원의 비루한 행동을 익히 알고 있는 터라 가까이하고 싶지 않았다. 그러나 찾아온 사람을 문전축객 할 수도 없어 만난 김에 왕광원을 골려 주기로 했다. 세도가는 짐짓 술에 취한 척하면서 이렇게 농을 했다.

"내가 그대에게 매를 가하고 싶은데 받아주겠나?"

왕광원은 송구하다는 듯이 두 손을 마주 비비며 말했다.

"어른의 매라면 저는 약으로 달게 받겠습니다. 어서 때려 주십시오."

왕광원이 바지를 걷어 올리며 선뜻 돌아섰다. 세도가는 회초리를 들어 사정없이 내리쳤다. 그러나 왕광원은 얼굴빛 하나 변하지 않고도 도리어 세도가의 비위 맞추기에 여념이 없었다. 그 태도에 그만 어이가 없어진 세도가는 매를 중지하고 말았다.

왕광원이 그 집에서 나오자 그를 아는 사람이 딱하다는 듯이 말했다.

"이 사람아, 자네는 그와 같이 모욕을 당하고도 부끄럽지 않은가? 갖은 모욕을 당하고도 태연자약하다니 알다가도 모를 일일세."

"모욕이랄 것도 없지. 그 사람에게 잘만 보이면 금방 출세할 수 있을 테니까."

그 말을 들은 사람은 혀를 끌끌 찼다. 이러한 왕광원을 두고 사람들이 왕광원 얼굴에는 열 겹의 철판이 깔렸다고 했다.

우리 주변에는 철면피보다 못한 사람들이 비일비재하다. 출세를 위해 자존심까지 내던져버리고 옆 사람의 눈치는커녕 거기에 아랑곳하지 않고 살아가는 철면피는 되지 말아야 할 것이다.

11. 우공이산(愚公移山): 끈기는 태산도 움직인다

우공이산(愚公移山)이란 '끊임없이 노력하면 뜻을 이룬다' 는 뜻으로, 남이 보기에 어리석어 보이지만, 포기하지 않고 계속 하다 보면 언젠가는 목적을 달성하게 된다는 말이다.

태행산과 옹옥산은 본래 중국의 하복 성 남쪽과 허난 성 북쪽에 나란히 있었다. 이 산은 사방이 칠백 리에 높이는 만 길이나 된다. 이 산의 기슭에는 나이를 90살이나 먹은 우공이라는 노인이 살고 있었다. 그런데 우공은 두 산이 집 앞에 떡 버티고 있어서 어디를 가든 멀리 돌아갈 수밖에 없었다.

우공 노인은 여간 짜증스럽지 않았다. 어느 날 우공 노인은 가족들을 불러 모은 다음 이렇게 말했다.

"산을 평평하게 깎아 길을 만들려고 하는데, 너희 생각은 어떠냐?"

그 말을 들은 가족들은 모두 찬성했다. 정말 두 개의 산만 없어진다면 가고 싶은 곳이 어디건 마음 놓고 다닐 수 있을 것 같았기 때문이다. 그러나 우공 노인의 부인만은 반대의견을 내놓았다.

"작은 언덕 하나도 허물기 힘들 텐데, 아흔 노인인 당신이 어떻게 저렇게 큰 산을 평평하게 깎는다고 그러슈? 게다가 그 많은 흙과 돌은 또 어디다 버린단 말입니까?"

"발해나 은토 북쪽에 갖다 버리면 되지요. 우리는 해낼 수 있어요, 어머니."

아들들은 자신만만한 태도로 대답했다. 이윽고 우공 노인은 아들, 손자들과 함께 산을 깎기 시작했다. 산을 파내고 목도질하여 발해에 갖다 버리는 등 모두 정말 열심히 했다.

지수라는 사람이 이 광경을 보고 말했다.

"산을 깎아 내다니, 정말 어리석군. 어느 세월에 그 큰 산을 평평하게 깎아 길을 만들겠다는 건지, 원……."

이 말을 들은 우공 노인은 한심하다는 듯 말했다.

"자네는 그 나이가 되어도 어찌 그리 생각이 짧은가? 내가 죽더라도 아들이 있고, 내 아들은 손자를 낳을 것이 아닌가. 그 손자 또한, 자식을 낳고, 그 자식은 또 자식을 낳겠지. 자손은 계속 불어날 것이야. 하지만 산이 불어난다는 소리를 자네는 들은 적이 있는가? 이 산은 평평해질 걸세. 암, 그렇게 되고말고."

지수는 할 말을 잃고 말았다.

이때 하늘에서 이 모습을 본 옥황상제는 우공 노인의 정성에 감동했다. 옥황상제는 힘이 센 과아씨의 아들에게 그 산을 다른 곳으로 옮겨놓으라고 지시했다. 그리하여 과아씨의 아들은 두 산을 번쩍 들어 하나는 삭동에, 또

하나는 옹남에 옮겨 놓았다. 우공 노인의 정성이 하늘에 닿은 것이다.

〈열자〉에 나오는 이 이야기는 '정성을 다하면 이루지 못할 일이 없다'는 말을 비유하는 데 널리 쓰인다.

12. 정저와(井底蛙): 견문을 넓혀라

정저와(井底蛙)는 '세상은 넓으니 견문을 넓히라'는 뜻으로 '우물 안 개구리'라는 의미이다. 견문이 좁은 사람을 일컫는 말이기도 하다. 이 글은 〈장자〉 추수 편에 나온다.

초나라 위왕은 장자가 현자라는 말을 듣고 사자에게 후한 예물을 주어 그를 경상으로 맞아들이려 했다. 그러자 장자가 웃으며 이렇게 말했다.

"천금은 거액이요, 경상은 높은 지위입니다. 그러나 그대는 제물로 기르는 소를 보았을 겁니다. 몇 해를 부리지도 않고 거두어 잘 길러서는 마침내 잡아 태묘로 들여보내게 됩니다. 이때 그 소는 비로소 잘 먹고 몸 편했던 과거가 후회스럽고, 당장 돼지 새끼라도 되고 싶겠지만, 어디 뜻대로 되는 일입니까? 그대는 나에게 누가 되게 하지 말고, 빨리 돌아가시오. 내 차라리 가난하더라도 마음 편히 살고 싶지, 나라를 소유한 자에게 얽매어 살고 싶지는 않소. 나는 죽을 때까지 벼슬하지 않고 편히 살겠소."

장자는 평생 벼슬을 하지 않으면서 제자를 기르고 글을 쓰고 산수를 즐기며 유유자적했다. 다음은 장자의 저서에 나오는 이야기다.

어느 날 우물 안의 개구리가 동해의 자라를 만났다. 개구리는 자기의 생활이 자랑스럽다는 듯이 입을 열었다.

"나는 세상사는 보람을 느낀다. 우물의 둥 틈으로 뛰어올라 휴식을 취하기도 하고, 물로 뛰어들어 거리낌 없이 헤엄치다가 물 위에 떠오르기도 하고 물밑 해감 속에 묻히기도 한다네.

저 장구벌레나 게, 올챙이 따위야 어찌 나의 처지에 비길 수 있겠는가? 한 우물을 독차지하여 노니는 이 즐거움을 자네는 아마 상상도 못 할 것이야. 자네도 가끔 이곳을 찾아 이 즐거움을 나누지 않겠는가?"

자라는 개구리의 말을 듣고, 호기심에 이끌려 그 우물로 들어가 보려고 했다. 큰 몸뚱이를 어기적거리며 오른발을 들여놓았으나 왼쪽 무릎이 걸려 우물로 들어갈 수 없게 되자 생각을 바꾸고 동해 이야기를 개구리에게 들려주었다.

"동해는 그 넓이나 깊이를 천 리니 천 길이니 하는 말로 표현할 수 없네. 우 임금 때는 십 년 동안에 아홉 번이나 홍수가 범람하여 중국 천지를 덮다시피 했지만, 동해의 물은 그것 때문에 더 불어나지는 않았지. 탕 임금 때에는 팔 년 동안에 일곱 번이나 큰 가뭄이 들어 땅이 갈라지고 초목이 탔지만, 동해의 물은 전혀 줄어들지 않았네. 세월의 흐름이 작고 오램에 따라 변하지 않고 홍수 양이 많고 적음에 따라 줄지 않는 것이 동해의 물이거늘, 이처럼 한없는 물에서 활개를 치며 달리는 멋이야말로 큰 즐거움이라는 사실을 자네는 알 까닭이 없겠지?"

우물 안 개구리는 자라의 말을 듣고 그만 정신을 잃고 말았다.

장자는 이 개구리의 우언 끝에 북해의 해신이 한 말을 인용하여 다음과 같이 덧붙였다.

'우물 안 개구리는 바다를 이야기할 수 없다. 이는 자기가 사는 우물 바깥은 알지 못하는 까닭이다. 한쪽밖에 모르는 사람과 도를 논할 수 없다. 사람

은 자기가 배운 것에 너무 속박되기 때문이다.'

사람들은 평상시에 융통성이 없고 앞뒤가 막혀 있으며 자기밖에 모르는 자를 '우물 안 개구리'라고 한다. 그런 말을 하기 전에 우리는 나 자신을 돌아봐야 한다. 나는 옳고 남은 틀리다고 생각하는 것, 이것이 잘못이며 '우물 안 개구리'다. 세상을 넓게 보고 자기만의 생각을 버리고 서로 화합하여 발전적인 삶을 유지해 나간다면 '우물 안 개구리' 소리는 듣지 않을 것이다.

13. 전가통신(錢可通神): 금전으로 신을 움직인다

전가통신(錢可通神)은 '돈의 힘이 일의 결과를 좌우한다'는 뜻으로, '금전으로 신을 움직인다'는 뜻이다.

당나라 관리 장연상은 경학에 뛰어났다. 그는 정치를 하는데 능통하여 승진을 거듭하고 하남 땅의 부윤이라는 자리에 임명되었다. 어느 날 장연상은 불미스런 사건에 연루된 사람들을 모두 잡아들였다. 황제의 친척까지도 있었으나 모두 잡아들이게 하였다.

"이것은 너무 심합니다."

부하직원의 말에 장연상은 고개를 저었다.

"아니야, 그렇지가 않아. 나는 황제의 녹을 먹는 관리일세. 어찌 법 집행을 두고 황제의 눈치를 살핀단 말인가? 당치 않은 일이야."

다음날 한 통의 서찰이 장연상에게 배달되었다. 삼만 냥을 바칠 것이니 더 이상 사건을 추궁하지 말라는 내용이었다. 장연상은 크게 노하여 서찰을 갈가리 찢어버렸다.

다음날 다시 한 통의 서찰이 배달되었다. 거기에는 십만 냥이라고만 쓰여 있었다. 장연상은 이 사건을 흐지부지 처리해버렸다. 누군가 그 이유를 물었을 때 이렇게 말했다.

"십만 냥이면 귀신도 살 수 있거늘, 내가 못할 바 없지."

그 때와 요즘 세상은 거의 비슷해서 비리로 구속영장이 청구되어도 갖은 수단을 동원하여 국가의 힘 있는 자를 돈으로 매수해 법망을 빠져나갔다. 힘 있고 배경이 좋은 자는 호의호식하며 마음대로 활동하며 제멋대로 살아가고 있다. 요즘은 세상이 많이 달라졌다고는 하나 아직도 큰 변화가 없어 안타깝다.

〈손자병법〉의 인생 13계

위급한 상황이 아니면 싸우지 마라. 자존심 때문에 이러한 결정을 내려
선 안 된다. 고수는 자주 싸우지 않는다.

1. 〈손자병법〉이 말하는 인생 이야기 13계

중국의 후진타오가 2006년 4월 20일 미국을 방문하여 부시 대통령에게
실크 정장본으로 된 〈손자병법〉을 선물했다. 부시 대통령이 다녔던 하버드
경영대학원에서는 이미 〈손자병법〉을 가르쳐왔다고 한다.

모택동은 곤명호에서 측근들이 승리의 비결을 묻자 이렇게 말했다.

"묘책은 따로 없다. 단지 적을 알고 나를 알면 백번 싸워도 위태롭지 않다
(知彼知己百戰不殆)."

모택동은 〈손자병법〉을 끼고 살아왔으며 한때는 고리타분한 병법을 보배
로 여기는 사람으로 비난을 받았다. 비록 2500년 전 〈손자병법〉이지만, 오

늘날 여전히 유효하며 세계대학, 군사학교, 기업에서 경쟁적으로 연구하고 있다.

〈손자병법〉은 기원전 5세기경 손무에 의해 만들어졌다. 중국 전체통치왕조가 쇠퇴하고 전쟁이 끊이지 않았다. 손무는 병법의 시조 강태공이 봉읍을 받아 시조가 된 제나라에서 태어나 오나라로 피난하였다. 합려는 사촌 형인 요왕을 암살하고 왕위에 올랐으며 합려의 측근 오자서를 우연히 손무가 발견, 인간됨을 간파하고 〈손자병법〉을 합려에게 보여주었다.

합려는 손무를 시험하기 위해 궁중 여인 180명을 〈손자병법〉대로 조련하겠냐고 물었다. 합려의 시험에 통과한 손무는 합려에 의해 오나라 장수로 임용되었으며, 〈손자병법〉대로 싸워 오초전쟁에서 승리해 큰 공을 세웠다.

2. 〈손자병법〉의 핵심과 구성

〈손자병법〉은 전쟁을 전제로 하였으며, 전쟁 없이도 목적을 달성할 수 있을 때에는 굳이 전쟁하지 않겠지만, 그렇지 않을 경우 전쟁도 불사하겠다는 사상이다. 3가지 중요한 특징은 경쟁구도 하에서 단일의 적을 상대하되 주변의 적까지 고려하였으며, 가만히 앉아서 적을 기다리는 것이 아니라 적극적으로 적을 찾아다니는 공세적인 방법을 취했다. 또한, 전쟁 지휘의 주체인 왕이나 장수, 그리고 그들의 리더십에 초점을 두었다.

〈손자병법〉에서는 가능하면 싸우지 않고 목적을 달성하는 부전승을 강조하고 있다.

3. 〈손자병법〉의 특징과 중심사상

전쟁뿐 아니라 경쟁구도 하의 경영과 경제, 처세 등 모든 분야에 창의적으로 적용할 수 있다. 〈손자병법〉 13편은 6,109자로 구성되어 있으며, 요행이나 감정을 배제하고, 철저한 계산과 냉정한 이성으로 승부를 강조했다.

1) 주위상책(走爲上策)

역량이 안 되면 도망가는 것이 상책이라는 말로, 적극적인 후퇴로 적을 유인해 승리의 기회로 전환한다는 뜻이다. 사마광의 자치통감 141권, 흔히 36계, 마지막 36번째 계책으로 알려졌다.

위, 진, 남북조 시대의 제나라 지방장관 태수 왕경칙이 반란을 일으켜 당시 제나라의 수도 건강을 공격했다. 제나라 왕인 소도성이 왕경칙이 도망친다고 소문 퍼트렸다. 소도성의 진의는 알 수 없으나 황실은 민심을 가라앉힐 속셈이었다. 소문을 들은 왕경칙은 왕 장군의 계략에는 36계가 있다는데 도망치는 것을 첫 번째 계책으로 삼는다 하니 부자(그의 아들)와 도망치라고 비꼬았다고 하는 유래에서 나왔다.

2) 초윤장산(礎潤長傘)

'주춧돌이 젖어 있으면 우산을 펼쳐라'는 뜻으로 상대의 작은 언행, 주변의 사소한 조짐에서 결과를 예측하라는 말이다. 송나라 소순이 지은 〈변가론〉의 초윤이우(礎潤而雨)라는 글에서 나왔으며, 주춧돌이 젖어 있으면 곧 비가 온다는 말이 후대에 초윤장산(礎潤張傘)으로 변형해 사용되었다.

상대를 봐가며 이길 수 있는 방향으로 나가야 성공 확률이 높다. 철저한 준비와 상황 판단력으로 싸울 수 있는 상대와 싸워라. 내일을 준비하는 모든 면에서 남보다 앞서라. 기회를 미리 알고 준비하는 자에게 성공이 보장된다.

난세에 영웅이 나는 법이다. 어려울 때 능력과 친절이 드러난다. 주춧돌의 습기는 비가 올 전조를 말한다. 어떤 일도 전조 없이는 이루어지지 않는다는 것을 알아야 한다.

3) 화광동진(和光同塵)

노자의 〈도덕경〉 56장에 나오는 말로, '내 광채를 낮추고 세상의 눈높이에 맞추어라'는 뜻으로 '권위주의, 영웅주의는 버려라'는 의미이다. '빛을 감추고 속세에 섞여 있다'는 뜻이며 자기의 지덕을 따르지 않고 세속을 따른다는 것이다. 자아를 깨우치기 위해 중생과 인연 맺어 중생과 부처의 법으로 인도한다는 말이다.

4) 이이제이(以夷制夷)

중국 후한 시대의 역사서인 〈후한서〉 동훈전 편에 나오는 말로, '적을 통해 적을 제압하라', '다른 상대방과 역학 관계를 만들어 그들끼리의 경쟁을 통해 나의 이익을 유지하라'는 뜻이다. 중국의 전통적인 외교 전략으로 오랑캐로 오랑캐를 무찌르는 것, 즉, 한 세력을 이용하여 다른 세력을 제어한다는 의미이다.

중국의 전통적인 주변 민족의 대외정책으로, 어느 한 민족의 세력이 강해져서 중국을 침범하는 것을 방지하기 위해 이민족끼리 경쟁하여 중국에 대항치 못하게 한 견제정책이다. 발해로 신라를 견제하고, 신라로 발해를 견제하며 중간에서 이간책을 써 외교를 펴는 것이다. 이것이 오랑캐를 이용하여 오랑캐를 물리치는 술책이다.

5) 공성신퇴(功成身退)

노자의 〈도덕경〉 제9장에 나오는 이 말은 '공을 이루었으면 몸은 빠져라'는 뜻이다. 현명한 사람은 자신이 이룬 꿈을 자랑하지 않는다. 요즘은 나쁜 일은 감추고 좋은 일은 드러내고자 하는 경향이 크다. 하지만 반대로 착한 일일수록 감추고 겸손하게 처신하는 것이 옳다. 초심을 잃지 말아야 한다.

6) 장수선무(長袖善舞)

소매가 길면 춤도 예쁘다. 〈한비자〉 제49장 오두 편에 나오는 말로, 외모나 말씨, 이미지는 얼마든지 포장할 수 있으며 조건이 좋은 사람이 유리하다는 뜻이다. 돈 많은 자가 장사를 잘하고, 재력이 많으면 유리하다.

한비자는 국가의 힘을 키우는 것을 외교에서만 찾아서는 안 된다고 주장했다. 나라의 재정을 잘 운영하고, 강하게 만들어야 나라가 공격당하지 않고, 외교권을 가질 수 있다고 보았다.

나라가 강하면 어느 나라든지 공격할 수 있으며 나라가 잘 다스려지면 누구에게도 공격당하지 않는다고 했다. 이것은 외교적으로 해결되는 것이 아니고 내정의 안정을 통해 이루어진다는 것이다. 내실을 키워 누구도 넘보지 못하게 하고 조직을 튼튼하게 만들어야 하며 외교적 방법만으로 조직의 운명을 맡겨서는 안 된다는 것이다.

7) 차도살인(借刀殺人)

'남의 칼을 빌려 적을 제거하라'는 뜻으로, '나의 칼을 받으라'며 칼을 빼드는 사람은 하수이다. 이 말은 갈등 해결 과정에서 자신의 역할을 최소화하라는 것이다. 이는 북경시대를 배경으로 하는 희곡에서 유래되었다.

칼을 빌리는 상황은 첫째, 사람의 힘을 빌리는 것, 둘째, 조건을 빌리는 것, 셋째, 계략을 빌리는 것, 마지막으로 매개물, 여론, 세력을 빌리는 것 등이 있다.

8) 비위부전(非危不戰)

위급한 상황이 아니면 싸우지 마라. 자존심 때문에 이러한 결정을 내려선 안 된다. 고수는 자주 싸우지 않는다.

싸움에서 지켜야 할 3대 기본 원칙은 다음과 같다.

> 1. 이익이 없다면 군대를 움직이지 마라.
> 2. 위기상황이 아니면 싸우지 마라.
> 3. 얻는 것이 없다면 군대를 동원하지 마라.

나에게 이익이 없는지 생각해야 한다. '무리하게 조직을 움직이면 실패하고 나에게 위협이 되지 않는데 전쟁하는 것은 큰 재앙'이라고 했다.

군주는 분노로 전쟁을 일으키면 안 되고, 장군은 노여움 때문에 전쟁을 일으키면 안 된다. 이익에 부합할 때 움직이고, 부합하지 않으면 중지해야 하며 국가의 운명과 병사들의 목숨을 담보로 전쟁을 일으키면 조직에 큰 장애가 된다.

손자는 이렇게 말했다.

"분노는 시간이 지나면 기쁨이 오지만, 노여움은 시간이 지나면 즐거움으로 바뀐다. 한번 망한 나라는 다시 세울 수 없고, 한번 죽은 병사는 살릴 수가 없다. 군주는 삼가고 신중해야 하며, 장군은 늘 경계해야 한다."

9) 교토삼굴(狡兎三窟)

똑똑한 토끼는 3개의 은신처를 가지고 산다. 준비된 사람은 언제든지 위기에서 벗어나는 대안을 가지고 살아야 한다. 사마천이 지은 중국 역사서 〈사기〉 맹상군 열전에 나온 말로 향후 계획을 가지고 결과를 예측해 상황에 대비해야 하며, 필요한 조치를 취해야 한다. 시뮬레이션이 가능하면 실제 상황처럼 적용해서 위기가 오면 당황하지 않고 대처해야 한다.

10) 쾌도난마(快刀亂麻)

'복잡할 땐 한칼로 끊어라'는 뜻으로, 조직의 생존을 위해서 결단력과 돌파 능력이 필요하다는 의미이다. 사사로운 정을 떠나 공정한 법을 운영해야 한다는 말이다.

낭중지추(囊中之錐)는 '주머니 속의 송곳'이라는 의미로, 재능이 뛰어난 사람은 숨어 있어도 저절로 사람들에게 잘 알려진다는 말이다. 유능한 자는 숨어 있어도 자연히 드러나기 마련이다.

전국시대 말 진나라의 공격을 받은 조나라 문혜왕은 원군을 청하기 위해 동생 평원군을 초나라에 사신으로 보내기로 했다. 수행원이 필요해서 식객 30명 중 19명을 선발하였으나 나머지 1명을 못 뽑고 고민하고 있었다. 그러자 모수라는 식객이 평원군에게 자신을 데리고 가 달라고 청했다.

평원군은 모수에게 이렇게 물었다.

"재능이 뛰어난 사람은 마치 주머니 속의 송곳이 튀어나오듯 눈에 드러나는 법이네. 그런데 자네는 3년이 지났다면서 이름이 없지 않는가?"

그러자 모수가 이렇게 대답했다.

"소인을 한 번도 주머니 속에 넣어주지 않으셨기 때문입니다. 이번에 주머니 속에 넣어주시면 송곳뿐만 아니라 자루까지도 드러내 보이겠습니다."

이렇게 말한 모수의 말에 만족한 평원군은 모수를 수행원으로 선발했다. 결국 모수의 활약 덕분에 초나라에서 크게 환대받고 무사히 원군을 얻었다고 한다. 조직에서는 뛰어난 사람도 있고, 실력이 좋아도 불법을 일삼고 나쁜 짓을 하는 사람도 있다. 아무리 친한 사람이라도 조직을 위해 과감히 끊을 수 있어야 한다. 우유부단하게 정으로 감싸다 결국 조직이 무너질 수도 있는 일이다. 때로는 한 칼로 끊어내는 냉정함과 결단력이 필요하다.

11) 위위구조(圍魏求趙)

'위나라를 포위하여 조나라를 구하라'는 뜻으로, '조직은 그물망처럼 얽혀있는 유기체이니 그 연결 코드를 읽으라'는 의미이다. 이는 〈사기열전〉 제5장 손자오기 열전에 나온 말이다. 내용은 다음과 같다.

1. 급하다고 서두르지 마라
2. 적의 급소를 공격해야 한다
3. 강한 적을 이기려면 정면승부는 피해야 한다
4. 흥분은 절대 금물이다
5. 화나는 기술을 쓰면 상대방의 속임수에 빠져든다

12) 난득호도(難得糊塗)

'때로는 바보처럼 보여 상대의 허를 찌른다'는 뜻으로, '매도 먹이를 채려고 할 때는 날개를 움츠리며 나직이 난다', 또는, '바보인 척하기는 어렵다'는 뜻이다. 청나라 서화가이자 문장가인 정섭(자는 극유, 호는 판교)은 '어리석은 이가 총명한 척하기는 어렵고, 총명한 이가 바보짓 하기는 더 어렵다'고 말했다. 물이 너무 맑으면 고기가 없고, 사람이 너무 맑으면 벗이 없다. 어떤 때는 아둔한 척을 해야 한다는 것이다.

13) 득어망전(得魚忘筌)

'물고기를 잡았으면 통발은 잊어라', '기존의 수단과 지식을 버려야 새로운 기회가 찾아온다'는 뜻이다. '전(筌)은 고기를 잡기 위한 것이나 고기를 잡고 나면 전은 잊어버리게 된다'는 의미이다.

이와 비슷하게 '제(蹄)'라는 단어에 '짐승을 잡기 위한 것이나 짐승을 잡고 나면 제는 잊어버린다'는 뜻이 있다. 필요할 때 과감히 시스템을 바꾸고, 새로운 프로세스를 도입해야 한다. 기존의 방식과 인력, 시간, 돈이 들어도 큰 효과가 없으면 과감히 혁신에 눈을 돌려야 한다.

Education of humanism

제 3 부

부록

인성교육지도사 자격 취득과정 안내

1. 인성교육지도사 자격증 발행기관

1) 주관: 국제인성교육개발진흥원

2) 발행: 국제인성교육개발진흥원

3) 발행인: 인성교육 지도교수 범대진

4) 자격: 인성교육지도사 1급, 인성교육지도사 2급, 인성교육지도사 3급

5) 정부등록: 한국직업능력개발원 등록번호(41_2013_0005613)

2. 인성교육지도사 자격증 취지 및 내용

대한민국의 인성교육지도사로 유명세를 얻고 있는 분들이 말하기를, 사회가 혼탁해지고 갈수록 비정상적으로 돌아가고 있다고 한다. 로버트 버니는 '인생의 목적은 목표 있는 인생을 사는 것'이라고 한다. 이제는 초등생부터 어른에 이르기까지 인성교육에 대하여 연구하고 개발해야 할 때다.

우리는 자녀가 진취적이고 긍정적이며 발전적이고 인격적인 성품의 소

유자로 자라기를 소망한다. 그들이 타고난 재능과 소질을 꽃피우며 품성에 맞게 개인 특유의 개성을 살려 행복하고 아름답게 사는 인생, 즉 다른 사람과 함께 즐겁고 정답게 지내며 이 세상에 유익한 영향을 끼치는 사람이기를 염원하고 있다.

이러한 소망을 갖고 사는 우리들은 급변하는 환경 변화를 고려하면서 자녀를 교육하고 사회발전에 이바지해야 한다. 우리가 반드시 지녀야 할 덕성과 품성, 그리고 가치관을 정립시키고 인간적인 행복한 삶을 유지하기 위해 많은 연구와 노력을 기울여 왔다.

21세기 미래 경쟁사회를 주도할 인재상은 무엇일까? 개인의 품성이 중요시 되는 현대사회의 흐름에 맞물려 인성과 윤리 도덕성을 갖춘 재목이 요구되는 시기에 (사)국제인성교육개발진흥원 이사장 범대진 박사가 이같이 능력을 갖춘 올바른 인간성과 품성을 기르는 길잡이가 되고 복잡한 인간 사회 문제를 말끔히 해결하는 지름길이 인성교육의 기틀을 마련했다.

인성교육을 통해 나 자신의 과거를 점검하고 현실에 직면한 부정적인 문제점을 분석하고 앞으로 어떻게 살아가야 할 것인가를 정리할 수 있는 계기가 되고 보다 진취적인 삶을 영위할 수 있는 그 근간을 마련할 수 있기에 사단법인 국제인성교육개발진흥원을 설립하였으며 이 교육기관을 통하여 많은 인성교육지도사들이 배출되고 인성교육지도사 자격을 취득할 수 있도록 그 장을 열어 놓은 것이다.

인간의 본성은 선천적으로 타고난 성품으로, 이해를 쫓아 감정대로 행동하면 인심이라는 뜻과 같이 공자는 〈논어〉에서 '본성은 사람마다 서로 가깝고 습관은 서로 차이가 있다' 고 하였다. (유대교 사전)

그 뒤에 맹자는 인간의 본성이 사덕(四德)과 양능(良能)과 양지(良知)로 이루어졌다며 성선설을 주장하였다. 그는 인성에서 본능적 측면은 무시한 셈이라고 하나 인간에게는 사단이 있는데 이것으로 말미암아 인(仁), 의(義), 예(禮), 지(智_가 표현된다고 했다. 현실적으로 인간은 물욕 때문에 사고가 발생하며 욕심은 자제하도록 마음을 닦으면 본래의 선한 본성이 드러난다고 했다.

반대로 순자는 인성 속에 본능까지 포함해 인간에게 악한 면을 지적하였다. 그의 성악설에 따라 인간의 악한 마음은 정서의 안정과 순화시키도록 철저한 교육을 해야 한다는 것이며 도덕적, 제도적 규범이 필요하다는 것을 강조하였다.

이미 학자들에 의해서 밝혀졌듯이 인간의 성격은 선천적인 소인, 환경적인 체험과 개인의 가치관 및 의지와 노력으로 형성된다고 했다. '왕대밭에 왕대 나고 신우대밭에 신우대가 난다'는 것이다. 인성이란 인간의 기본적 마음 바탕으로서 자기실현의 공명성을 띤 생명력이라고 하며 개인이 사회와 조직과 환경과 상호 호흡을 맞추면서 나타나는 고유한 방식이다. 인성지도는 주로 비형식적 교과 과정이나 인간관계를 통해서 이루어지는 것이다.

일반적으로 인성교육과 인성지도는 동일하게 사용되는 단어이나 내용도 같은 것으로 본다. 인성지도라는 주제가 모든 이들에게 전인적인 차원에서 얼마든지 빛을 발할 수 있음이 밝혀졌고 유교적인 면에서 영향을 많이 받아 좋아졌음을 입증하였다.

이러한 것을 중심으로 모든 신학, 의학, 무술, 심리학 교사, 교수 등의 전문가들로부터 관심이 되고 있는 인성교육지도사는 방황과 우울, 실망과 자기 자신을 잃어버리고 살아가는 청소년, 장년, 직장인, 교육자 등에게 도움이 될 것이다. 자신감과 자존심, 자존감 회복 등 인성교육프로그램으로 심신은 물론 영혼과 육체의 총체적인 전인교육, 행복감을 찾게 함으로써 건전한 대한민국을 만드는데 기여하게 할 것을 확신한다.

1) 인성교육지도사 교수: 관련 부문 전공자(상담사, 전통예절 지도사, 장례 지도사)로서 인성교육지도 영성프로그램담당 교수들이나 인성교육 지도교수는 인격과 실력을 갖춘 능력 있는 전문가이다.

2) 인성교육지도사 1급: 2급 자격 취득자 중에서 국가에서 인증하는 유관자격증 2가지 이상 취득해야 하나, 2급 자격증 취득과정에서 사용된 자격증의 중복은 안 된다. 인성지도의 경력이 우수하면 보다 핵심전문가로서의 교육을 받고, 인성교육지도사로서 전문적인 활동을 능수능란하게 할 수 있는 실력을 갖춘 사람이어야 한다. 20시간(3일 정도) 지역 봉사활동에 참여해 결과를 보고해야 하며, 자격시험에 합격한 자에게 1급 자격증을 부여한다.

3) 인성교육지도사 2급: 3급 자격 취득자 중에서 국가가 인증하는 자격증 1개 이상 취득해야 한다. 인성지도의 경력이 우수하며 보다 핵심적인 전문가로 교육을 받고 능숙하게 할 수 있는 실력을 갖춘 자로, 직무특강을 6주 동안 참석하여야 하며, 〈난세를 살아가는 지략〉 1권, 〈성공과 출세를 위한 인간관계 교과서〉 1권, 그리고 본 책을 통독 후 독후감을 A4지 5매로 제출해야 하며, 봉사활동에 20시간 이상 참여

하여 확인서를 제출해야 한다.

4) 인성교육지도사 3급: 인성에 대한 이해와 인성, 성격, 품성지도, 리더십 개발 등에 대해 잘 알고 인성교육을 위해 노력하고자 하는 자, 전과 사실이 없는 20세 이상의 남녀로서, 자격검정에 합격하고 직무특강을 수강한 자에게 3급 자격증서와 정회원 자격을 부여한다.

3. 인성교육지도사 직무 내용

1) 인성이란(개념)

2) 인성에 대한 관련 용어

3) 성격은 어떻게 형성되는가?

4) 인성교육의 필요성과 목표

5) 인성교육의 내용

6) 인성교육의 실천 방안

7) 인성교육 담당자의 자질

8) 성격에 대한 이론

9) 인생설계와 성격 바꾸기

10) 품성지도와 리더십 개발

11) 청소년 지도

12) 마음 다스리기

13) 인성교육의 방향

14) 가정폭력 및 자살원인 분석 및 예방교육

15) 인성교육지도사 강의(학교, 군부대, 기업, 관공서)

4. 인성교육지도사 검정 시험 과목 및 방법

1) 검정과목

① 인성교육학 개론

② 상담학 개론

③ 청소년의 인성교육

④ 인성교육론

⑤ 독후감(소감문)

⑥ 구술시험 및 면접

2) 검정방법

① 주관식 및 객관식 시험 응시

② 구술시험 및 면접

인성교육지도사 3급 자격 검정 문제은행

1. 출제형식: 문제은행에서 객관식 문제로 교체 출제
2. 출제문항
(1) 주관식 2문제(각 10점), 객관식 40문제(각 2점)
(2) 주관식 2문제(각 10점), 객관식 25문제(각 4점)
3. 합격점수: 70점 이상

001. OECD 국가 중 노인 자살률, 노인 빈곤율 1위 국가는?

002. 청년기는 몇 세 이전을 의미하는가?

003. 이성적 존재로서의 인간이라는 것은 누구의 입장인가?

004. '인간이 새나 개미 같은 동물들에게서 배운다'고 한 사람은?

005. '인간은 자신의 삶을 이끌어가는 존재'라고 한 사람은 누구인가?

006. '인간은 자신을 창조한다'고 한 사람은 누구인가?

007. 인성의 개념에서 후천적 요인에 의해 도덕적 판단 기준과 외부의 영향에 반응하는 것은?

008. 인성은 여러 가지 말로 주로 (   ), (   ), (   ) 등이 포함되어 있다. 괄호 안에 들어갈 알맞은 말은? (3가지 이상)

009. 인성교육은 삶의 과정에서 인생의 방향을 조정하는 (   )의 키(key)와 같다. 괄호 안에 들어갈 말은?

010. 인성교육의 개념을 설명할 때 교육학에서는 '인성'이라 하는 것을 심리학에서는 무엇이라 부르는가?

011. 〈중용(中庸)〉에서 '하늘이 명하는 것'을 무엇이라고 하는가?

012. 캐릭터(Character)를 설명하면서 공자는 〈논어〉에서 '본성은 사람마다 가깝고 습관은 서로 차이가 있다'고 했다. 그렇다면 맹자가 말한 것은 무엇인가?

013. 캐릭터(Character)의 유래는 라틴어로 페르소나(Persona)에서 유래되었는데, 페르소나는 고대 희랍 원형극장에서 배우들이 사용한 (   )이다. 괄호 안에 들어갈 말은 무엇인가?

014. 인성이란 각 개인이 보이는 고유한 (   )양식이다. 괄호 안에 들어갈 말은 무엇인가?

015. 인성이란 후천적으로 환경의 영향에 의해 개인의 가치관과 (   )에 의해서 독자적으로 결정된다. 괄호 안에 들어갈 말은 무엇인가?

016. 성격형성에 절대적으로 영향을 미치는 것은 무엇인가?

※인성과 관련된 용어 문제 (17~20)

017. '개인의 사람 됨됨이'를 나타내는 말은 무엇인가?

018. 주로 기질적인 면에서 나타나는 정서적 특징을 강조한 것은?

019. 다른 사람에게서 흔히 볼 수 없는 그 사람만의 독특한 성질은?

020. 어떤 자극에 대하여 지각의 과정을 거쳐서 개인이 갖게 되는 정서와 사고는 무엇인가?

021. 개인의 성격은 언제쯤 완성되는가?

022. 성격에서 힘과 힘 간의 상호작용을 무엇이라고 하는가?

023. 성격의 결정요인 중에서 유전을 강조하는 입장은 누구로부터 시작되었는가?

024. 청소년기의 가장 많은 변화 시기는 무엇을 제일 먼저 파악해야 하는가?

025. 학교에서 이루어지는 인성교육은 무엇을 중심으로 해야 하는가?

026. 성격은 어떤 영향으로부터 형성되는가?

027. 인성교육에 있어 청소년기에 두드러지게 나타나는 변화로서, 조심스럽게 파악하고 조치해야 할 것들은 무엇인가?

028. 사춘기는 대략 몇 세 이전을 의미하는가?

029. 현대의 가정교육은 그 교육적 기능이 많이 약화한 가장 큰 이유는 무엇인가? (2가지 이상)

030. 유치원의 인성교육은 어디에 중심을 두고 해야 하는가?

031. 초등학교와 중학교에서는 인성교육을 어떻게 해야 하는가?

032. 고등학교에서는 인성교육을 어떻게 해야 하는가?

033. 성격발달 단계에서 기질설을 주장한 사람은 누구인가?

034. 심리 유형론을 이야기한 학자는 누구인가?

035. 기질설에는 어떤 종류의 기질들이 있는가?

036. 체격 유형론에는 어떤 체격 유형이 있는가?

037. 다혈질의 심리특성은 무엇인가?

038. 체격 유형론에서 세장형의 인간관계는 어떠한가?

039. 체격 유형론에서 투사형의 신체적 조건은 어떠한가?

040. 기질설에서 체액의 종류에는 어떤 것들이 있는가?

041. 사상의학에서 체질유형은 어떤 것들이 있는가?

042. 사상의학에서 체질유형 중 연예인, 사무원, 상업인, 신경질적인 군인은 어디에 속하는가?

043. 셀돈의 체격유형은 어떤 것이 있는가?

044. 성격발달의 5단계를 만든 사람은 누구인가?

045. 성격발달의 단계 중 '생식기'는 몇 세를 말하는가?

046. 성격발달에서 성격이론을 체계화시킨 사람은 누구인가?

047. 프로이트의 발달이론은 어린 시절의 어떤 경험으로 결정되는가?

048. 의식과 무의식 중 '본능이란 배우지 않은 능력'이라고 말한 사람은 누구
인가?

049. 갈등과 불안으로부터 자아를 보호하기 위한 전략을 무엇이라고 하는가?

050. 외국의 인성교육이나 사회과 교육의 가치 교육 영역에서 몇 개의 가치와 신
념을 제시했는가?

051. 프랑스의 초등학교와 중학교에서 1955년부터 개설한 교육은 무엇인가?

052. 일본의 중학교에서 몇 개의 덕목을 설정했는가?

053. 독일에서는 최근에 초등학교 저학년부터 무슨 과목을 정규 교과목으로 채택
했나?

054. 프랑스 인성교육의 학습주제는 무엇인가?

055. '인격완성에서 훌륭한 사람은 군중 속에서 완벽한 조화를 이루며 독자적으로 사는 사람'이라고 말한 사람은 누구인가?

056. '인생의 목적은 목표 있는 인생을 사는 것'이라 말한 사람은?

057. 당나라 때 시인 왕십이 이태백에게 보낸 시의 제목은?

058. '추운 밤에 홀로 술잔을 기울이다가 느낀 바가 있어서'는 무슨 내용이 유래되었는가?

059. '충언은 귀에 거슬려도 현실에 이롭다'는 뜻의 한자어는?

060. 사람이 일을 만들고 계획하지만 이루는 것은 누구인가?

061. '할 수 있는 일을 다 해 놓고 기다리는 것'이란 말을 한 사람은 누구인가?

062. 〈경행록(徑行錄)〉은 송나라의 저작으로 착한 행실을 기록한 책들이다. '하늘에 순종하는 자는 살고, 거역하는 자는 망한다'고 한 내용은 어느 편에 속하는가?

063. 〈경행록〉에 '부모님을 봉면하는 것은 당연하다'는 내용은 어느 편에 속하는가?

064. 〈경행록〉의 각 편을 써라.

065. '인간은 사사로운 말을 들을 때에 천둥소리처럼 크게 들리고, 캄캄한 밤에 자기 자신을 속이는 일은 신령의 눈으로 볼 때처럼 더욱 밝게 보이는 법'이라고 말한 사람은 누구의 말인가?

066. 인격이 언어이고, 언어가 인격이다. 통계로 볼 때 사람의 말에서 읽기, 쓰기, 말하기, 듣기 중 가장 많은 부분을 차지하는 것은 무엇인가?

067. '내 인생에서 반드시 내 인격으로 권력을 쟁취하려고 한다'고 말한 사람은 누구인가?

068. '어짊과 사랑으로 가득한 성품이 세상에서 가장 위대하다'고 말한 사람은 누구인가?

069. 진실한 성품은 인생의 최고 경지이고 사회의 양심이며 국가의 원동력이라고 말한 사람은 누구인가?

070. 원만한 인간관계에 성공의 비결은 어디에 있는가?

071. 빌 게이츠가 말한 '4가지 좋은 습관'에서 4가지는 무엇인가?

072. 경쟁자의 견해나 충고가 자기 자신을 바라보는 것보다 더 옳을 때가 있다고 말한 사람은?

073. 미국의 16대 대통령은 바른 몸가짐이 최고의 밑천이라고 했다. 바른 몸가짐은 무엇인가?

074. '얕은 지식은 사람을 자만하게 하고, 깊은 지식은 사람을 겸손하게 한다' 고 한 사람은?

075. 진정한 의미의 겸손은 아무런 (   )이 없어야 한다. 괄호 안에 들어갈 말은?

076. 사소십다(四小十多)를 써라.

077. '말을 많이 하여도 공격의 대상이 되고, 실수하게 된다' 는 말을 한자어로 써라.

078. '말을 많이 하면 수가 박하다' 는 뜻은 어디에 나오는 구절인가?

079. '말을 반만 하라' 는 뜻으로 상대방이 하는 말의 반, 또는 1/3 정도 하는 것을 한자어로 무엇이라 하는가?

080. 맹자가 말하기를 '나에게서 나온 것은 나에게로 돌아오고 너에게로 나온 것은 너에게로 돌아간다' 는 말을 뜻하는 한자어를 써라.

081. '콩을 심으면 콩을 거둔다' 는 뜻의 한자어는?

082. '4마리의 말(馬)이 끄는 수레로, 혀에 못 미친다' 라는 뜻의 한자어는?

083. '화는 입으로 나오고 병은 입으로부터 들어온다' 는 뜻의 한자어는 무엇인가?

084. 중국에 풍도라는 정치가가 있었다. 그는 당나라가 망하고 송나라가 건국될 때까지 5대, 즉 다섯 왕조의 여덟 개의 성(姓)을 가진 11명의 왕을 모신 처세의 달인이었다. 여기서 다섯 왕조의 5대는 무엇을 말하는지 써라.

085. 풍도의 〈방책시〉를 써라.

086. '겸손은 교만과 폭탄을 없애주고, 용서는 모든 이의 (   )을 감싸준다' 고 했다. 괄호 안에 들어갈 알맞은 말은 무엇인가?

087. 혀는 몸을 망치는 독' 이라고 말한 사람은 누구인가?

088. 인간관계에서 가장 중요한 것은 무엇인가?

089. 공자의 제자 자로가 즐겁게 살려면 어떻게 해야 하는지 물었다. 이에 공자가 대답한 내용 5가지를 써라.

090. 말에 예의가 있다면 무엇을 멀리할 수 있는가?

091. '물은 바위를 뚫을 수 있는 힘을 갖고 있다' 는 뜻의 한자어는?

092. '세상 모든 것은 손해가 이익이 되고, 이익이 손해가 되기도 한다'고 말한 사람은 누구인가?

093. '인간은 멀리 보지 못하고 깊이 생각하지 않으면 가까운 시일 내에 근심 걱정이 온다' 는 말은 어디에 나오는가?

094. '한때의 분함을 참으면 백날의 근심을 면한다' 는 뜻의 한자어는?

095. 부귀와 권세에 대한 탐욕을 일컫는 한자어는?

096. '가득 차면 덜리게 되고, 겸손하면 이익을 얻는다' 는 말은 어디에서 나온 말인가?

097. '귓전에 스치는 바람으로 여겨라' 는 뜻의 한자어는?

098. '옳고 그름은 본래 실상이 없으니 마침내는 빈 것' 이라는 한자어는?

099. '개미구멍으로 말미암아 마침내 큰 둑이 무너진다' 는 뜻의 한자어는?

100. '뜻을 품으면 결국 이루어진다' 는 뜻의 한자어는?

101. '유연하게 대처하라' 는 뜻의 한자어는?

102. '눈앞의 이익에 말려들지 말라' 는 뜻의 한자어는?

103. '경솔한 행동은 삼가라' 는 뜻의 한자어는?

104. '원한은 절대 사지 말라' 는 뜻의 한자어는?

105. '출세를 위해 물불을 가리지 않는다' 는 뜻의 한자어는?

106. '우물 안의 개구리', '견문을 넓히라' 는 뜻의 한자어는?

107. '천 년의 요새는 백성들의 인화단결이요, 적과 싸우는 것만 못하다' 라고 한 사람은?

108. '때로는 바보처럼 보여 상대의 허를 찾는다' 는 손자병법에서 나온 말은?

109. '주머니 속의 송곳' 이라는 뜻으로 '재능이 뛰어난 사람은 언젠가는 두각을 나타낸다' 는 의미의 한자어는?

110. '복잡하다면 단칼에 끊어라' 는 뜻의 한자어는?

111. '똑똑한 토끼는 3개의 은신처를 가지고 산다'는 뜻으로, '준비된 사람은 언제든지 위기에서 벗어나는 대안을 가지고 산다'는 의미의 한자어는?

112. 〈손자병법〉에 나온 '남의 칼을 빌려 적을 제거한다'는 뜻의 한자어는?

113. 적혈구의 수명은 대략 며칠인가?

114. 자살예방교육이나 폭력예방교육에 적합한 전문가는?

115. 우리나라에 시급히 필요한 인성은?

116. 우리나라 청소년들의 행복지수는 몇 %인가?

117. 프로이트 이후 정신분석학적 자아 심리학을 발전시킨 학자는?

118. 건강한 자아관을 형성하는 데 도움이 되는 것들은?

119. '가장 무서운 사람은 침묵을 지키는 사람이다'라고 한 사람은?

120. 탈무드에서 사람을 평가하는 3가지 요소는 무엇인가?

121. '세력으로 누구를 사귀는 자, 세력이 소모되면 망한다'고 한 사람은?

122. 술을 삼가라. 14년 만에 택시강도도 잡힌 곳은?

123. '인간의 마음은 언제 변할지 모른다. 가장 두려운 것이 인간의 마음이다' 라는 뜻의 한자어는?

124. '강하면 당연히 부러진다' 는 뜻의 한자어는?

125. '유약한 것이 강한 것을 이긴다' 라는 뜻의 한자어는?

126. '핑계를 찾아 자신의 잘못을 은폐하는 행동은 일종의 아주 어리석은 방법이다' 라고 한 사람은?

127. 태권도 5대 정신 중 '옳고 그른 일을 파악할 줄 알며, 그릇된 일 했을 때 부끄러워하고 잘못을 곧바로 고칠 줄 알아야 한다' 라는 구절은 어느 부분에 포함되는가?

128. 겸손하고 정직함은 물론 정의감에 입각해 생활하는 것은?

129. 나 자신을 양심과 의지로 이기는 것을 뭐라고 부르는가?

130. 서로 양보하며 상대방을 인격을 존중하며 겸손한 태도을 뭐라고 하는가?

001. 답: 대한민국 002. 답: 20세 003. 답: 플라톤 004. 답: 데모크리토스 005. 답: 겔렌 006. 답: 오르디데카 007. 답: 개인 품성 008. 답: 기질, 개성, 인격, 성질, 마음 009. 답: 배 010. 답: 정신의학

011. 답 : 성 012. 답 : 인, 의, 예, 지 013. 답: 가면 014. 답: 행동 015. 답: 의지적 결단 016. 답: 유전적 소인 017. 답: 인격 018. 답: 성질 019. 답: 개성 020. 답: 마음

021. 답: 청년기 022. 답: 역동적 023. 답: 히포크라테스 024. 답: 비행 범죄시기 025. 답: 실천 중심 026. 답: 유전적 영향, 환경적 영향, 개인의 가치관과 노력 027. 답: 신경증, 정신병, 우울증, 비행범죄 시기 028. 답: 남자 13~16세, 여자 12~15세 029. 답: 과잉보호, 여성사회 참여 증가 030. 답: 공동체 의식 배양, 기본생활습관 교육

031. 답: 민주시민으로서 자질향상 032. 답: 세계시민 교육의 강화 촉구 033. 답: 히포크라테스 034. 답: 융 035. 답: 다혈질, 담즙질, 우울질, 점액질 036. 답: 세장형, 투사형, 비만형 037. 답: 생기가 있다. 사교적, 낙천적, 개방적, 솔직하다 038. 답: 폐쇄적, 대인관계가 원만하지 못함 039. 답: 근육과 골격이 발달 040. 답: 혈액, 황담즙, 흑담즙, 점액

041. 답: 태양인(긴장형), 태음인(심장형), 소음인(위장형), 소양인(신장형) 042. 답: 소양인(신장형) 043. 답: 내배엽형, 중배엽형, 외배엽형 044. 답: 토마스 리코나 045. 답: 12세 이상의 나이 046. 답: 프로이트 047. 답: 양육 048. 답: A. 베인 049. 답: 방어기제, 또는 적응기제 050. 답: 14개

051. 답: 시민교육 052. 답: 22개 053. 답: 윤리 054. 답: 개인위생, 안전, 타인존중, 책임감, 근면, 성실, 규칙준수, 협동, 환경보호 등

055. 답: 에머슨 056. 답: 로버트 버니 057. 답: 추운 밤에 홀로 술잔을 기울이다가 느낀 바 있어서 058. 답: 마이동풍 059. 답: 忠言逆於 耳利行

060. 답: 하늘(하나님), 成事在天

061. 답: 제갈무후, 盡人事待天命 062. 답: 천명편 063 답: 효행편

064. 답: 계선편, 천명편, 순명편, 효행편, 정기편, 안분편, 존심편, 계성편, 근학편, 성심편 065. 답: 중국의 현재, 천명편 066. 답: 듣기-45%

067. 답: 케닝 068. 답: 헨리 드리먼드 069. 답: 빌 게이츠

070. 답: 진실

071. 답: 시간엄수, 끈기, 신속함, 정확성 072. 답: 빌 게이츠 073. 답: 성품 074. 답: 레오나르도 다빈치

075. 답: 선입견 076. 답: 사소(四小)-소식, 소언, 소로, 소각 / 십대(十多))-다동, 다욕, 다설, 다접, 다소, 다망, 다정, 다용, 다인, 다용 077. 답: 다언수궁(多言數窮) 078. 답: 노자의 〈도덕경〉 5장 079. 답: 화류반구(話留半句) 080. 답: 出乎爾者(출호이자) 反乎爾者(반호이자)

081. 답: 種豆得豆(종두득두) 082. 답: 馬四不及舌(마사불급설) 083. 답: 禍者口出(화자구출), 炳者口入(병자구입) 084. 답: 후당, 후랑, 후주, 후진, 후한 085. 답: 구시화지문, 설시참신도, 폐구심장설, 안신처처의 086. 답: 허물과 용납 087. 답: 군자 088. 답: 상대방 이해, 알아주는 것 089. 답: 공손, 관대, 민첩, 은혜, 신용 090. 답: 억지, 더러움

091. 답: 유약승강강(柔弱勝强剛) 092. 답: 노자 093. 답: 〈논어〉 위령편 094. 답: 忍一時免百憂(인일시면백우) 095. 답: 환득환실(患得患失) 096. 답: 대우모편 097. 답: 只作耳邊風(지작이변풍) 098. 답: 是非無相實(시비무상실) 099. 답: 堤潰蟻穴(제궤의혈) 100. 답: 유지경성(有志竟成)

101. 답: 門前成市(문전성시) 102. 답: 脣亡齒寒(순망치한) 103. 답: 漱石枕流(수석침류) 104. 답: 出乎爾者 反乎爾者(출호이자 반호이자) 105. 답: 鐵面皮(철면피) 106. 답: 井底蛙(정저와) 107. 답: 맹자 108.답: 難得糊塗(난득호도) 109. 답: 囊中之錐(낭중지추) 110. 답: 快刀亂麻(쾌도난마)

111.답: 교토삼굴(狡兔三窟) 112. 답: 借刀殺人(차도살인) 113. 답: 120일 114. 답: 광범위한 지식을 고루 갖춘 인성교육지도사 115. 답: 상호존중, 배려, 공동체의식 고취, 나눔, 관용 116. 답: 71.2% 117. 답: 에릭슨 118.답 : 자신감, 용기, 기쁨, 감사, 사랑, 믿음 119. 답 : 토리티우스 120. 답 : 카소(돈주머니), 코소(술잔), 카소(노여움)

121. 답 : 한서 122. 답 : 술자리 123. 답: 只恐人情兩樣心(지공인정양양심) 124. 답 : 太强則折(태강즉절) 125. 답 : 柔能制剛(유능제강) 126. 답: 빌 게이츠 127. 답: 염치 128. 답: 백절불굴(百折不屈) 129. 답: 극기(克己) 130. 답: 예의(禮義)